飛距離が30ヤードUPする

ドライバーの教科書

著 吉田直樹

日本文芸社

PROLOGUE

はじめに

ツアープロコーチ。その肩書きを見て、「相当高度なレッスンをしているんだろうな」と思われる方も多いようです。

確かに、これまで谷原秀人、片山晋呉、上井邦浩、小祝さくら、イ・ボミなど、現在進行中も含め一流といわれる人たちに寄り添い、彼らの悩みを解決してきました。しかし、私が彼らに高度な技術を教えてきたかというと、実はそうではありません。

私がプロたちに提示したのは、ほとんどが“簡単”にできること。もし私が、難しい理論を押しつけていたなら、彼らはおそらくそっぽを向いていたでしょう。なぜなら、試合という究極のプレッシャーがかかる中で、ましてやそのショットが優勝を左右するという場面で、難しいことができる人はいないからです。

簡単だから、どんな場面でもできる。彼らが1ラウンド62～63というスコアを出せるのも、再現性の高い簡単なスウィングを身に付けているからです。

私がこの本で皆さんにお伝えしたいと思っているのも、“真っ直ぐ、きれいなスウィングで飛ばす”ための基本となるメソッド。筋力や柔軟性のあるなしに関係なく、誰もが習得できる最先端の簡単なスウィングです。

特にアマチュアゴルファーの中には、自らのパフォーマンスを最大限に生かしていない方がたくさんいます。人生一回限り。自分の持っている能力を最大限まで引き出してみませんか？ そう思っているゴルファーには、ぜひ読んでいただきたいと思っています。

全ての成功への道はエスカレーターを逆走し、上まで辿り着けるかどうかなんです。何もしなければ下に戻るだけ。より上手くなるためには常に上に向かっていく。歩いて上がっていても現状維持。だからドンドン自分を変えて、ダッシュしなくてはいけません。一流の選手は常にそうしています。

それができれば、気づいたときには、あなたのゴルフが劇的に変わっているはずです。

ツアープロコーチ
吉田直樹

Contents

1 絶対NG！ 非効率スウィング

フェースを返す動き

フェースターンを意識してはいけない

NG フェースを返すと下半身の動きが止まる

フェースを返した方が球がつかまると思っている人もいるようだが、フェースターンを意識すると下半身の動きが止まる

POINT

フェースターンはインパクトが点になる

インパクト付近でフェースが返るとインパクトが点になって、方向性が不安定になる

腰のターンだけを意識する

アマチュアゴルファーのスウィングでよく見られるのは、ヘッドスピードを上げようとして、インパクトゾーンでフェースを返そうとする動きです。

しかし、フェースターンを意識すると、下半身の動きが止まってしまい、手だけで打つ形になってしまいます。これでは、引っかけやドローが出やすくなるし、インパクトが点になってしまうので、方向性も安定しません。

意識して欲しいのは、左腰の動き。左腰を正しく開いていけば、リリースも自然と行われ、インパクトゾーンも長くなって方向性も安定します。

OK 手首の返しは意識せず左腰を回していく

インパクト付近ではフェースターンを意識しないで、左腰を回すことを意識。リリースは必要だが、それは自然に行われる

POINT

インパクトゾーンが長くなる

フェースを返さないことで自然なリリースが行われ、インパクトゾーンが長くなる

ダウンスウィングで身体を回し過ぎてはいけない

NG 身体を早く回すと振り遅れてしまう

切り返し後、いきなり腰を回転させると早く腰が開いてしまい、上体が遅れてくる。これが原因で振り遅れる人も多い

POINT

上体の起き上がりにも繋がる

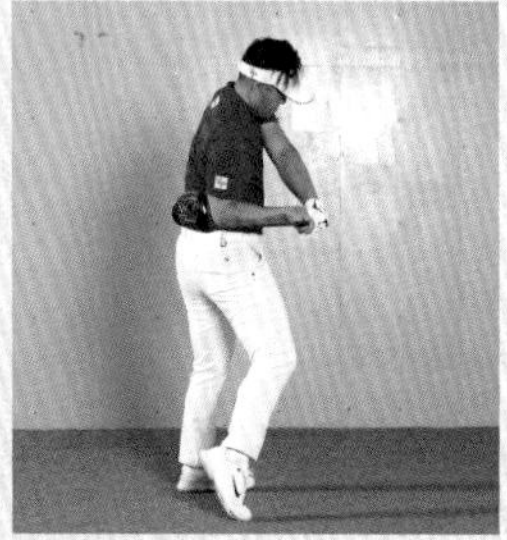

アマチュアによく見られるインパクトゾーンでの起き上がりも、振り遅れが原因で起こることが多い

左足を踏んでからスタート

ゴルフスウィングでは、腰を回さなければいけないのですが、それを意識し過ぎて、「腰が早く回って上体が遅れる」というゴルファーをよく見かけます。このような形になると、当然、フェースが開いたまま下りてくるので、球がつかまりません。また、それを修正しようとすると、インパクトで起き上がるしかなくなります。

このようにならないためにも切り返しからいきなり回転するのではなく、まず左足を踏むこと。そして、ダウンのスタート時点で腕を真下に下ろす。そうすれば、下半身と上体とのタイミングが合いやすくなります。

ダウンスウィングで地面方向に圧をかける

切り返しのスタートで左足を踏んだら、左腕が地面と平行になる辺りまでは、地面方向に圧をかける

POINT

地面に圧をかければ前傾も崩れない

ダウンのスタート時点でしっかり地面に圧をかければ、クラブが後ろに寝るし、前傾も崩れない

テークバックでの回転の動き

右ヒザの角度をキープし続けてはいけない

NG 右ヒザの角度をキープするとスエーしてしまう

テークバックで右ヒザの角度をキープしようとすると、右腰が流れる。そうなると腰が回らず手で上げてしまうことに

POINT

腰が回らないとオーバースウィングに

腰の動きが止まってしまうと、手で上げることになり、オーバースウィングやシャフトクロスになる

右ヒザ我慢はスエーの原因に

レッスンでは、「テークバックの際、右ヒザの角度はキープしておきましょう」と言われることがありますが、実はこれは間違った教えです。というのも、自分でやってみると分かると思いますが、右ヒザの角度をキープしたままクラブを上げようとすると、右腰が右に動く、いわゆるスエーになってしまうからです。右腰がスエーすると、軸もブレるし、下半身の動きが止まるので、オーバースウィングの原因にもなってしまいます。

正しくクラブを上げていけば、右ヒザは自然と少し伸びていきます。無理に角度をキープしないようにしましょう。

OK 右腰を回せば右ヒザは自然と少し伸びる

テークバックでは、腰が回転し、右ヒザが伸びるというのが自然の動き。この形になればオーバースウィングにもならない

POINT
トップもきれいなレイドオフに

腰を回せばトップでも、クラブは飛球線に対して平行か、やや左を向いたレイドオフの状態になる

捻転差を生むための動き

腰を止めて
肩を回してはいけない

NG 下半身の動きが止まると肩は回らなくなる

腰を動かさず、肩だけ回して捻転差を作ろうとする人がいるが、そうすると肩が回らず、当然、捻転差も生まれなくなる

POINT

腰を止めると肩の入りが浅くなる

腰が回らなければ肩の回転も浅くなる。これ以上回そうとすると身体に負担がかかり、ケガの原因に

腰を回せば肩も回る

「飛ばすためには上半身と下半身の捻転差が必要」というのもよく言われること。アマチュアゴルファーの中にはこの〝捻転差〟を作ろうと、腰の動きを止めて肩だけを回そうとする人がいるようですが、これも理に適った動きとはいえません。なぜなら腰が止まると、肩は回らないからです。そうなると結果的に手打ちのスウィングになります。

正しくは、腰も肩も回す。どちらかというと腰をしっかり回せば左肩も入ってくるのです。

腰の回転を止めて肩だけ回そうとすると、ケガもしやすくなります。必ず腰を回すようにしてください。

OK 腰を回せば左肩も自然と入る

右腰を回すことによって肩も勝手に回転し、きれいなバックスウィングになる。また、特に意識しなくても捻転差が生まれる

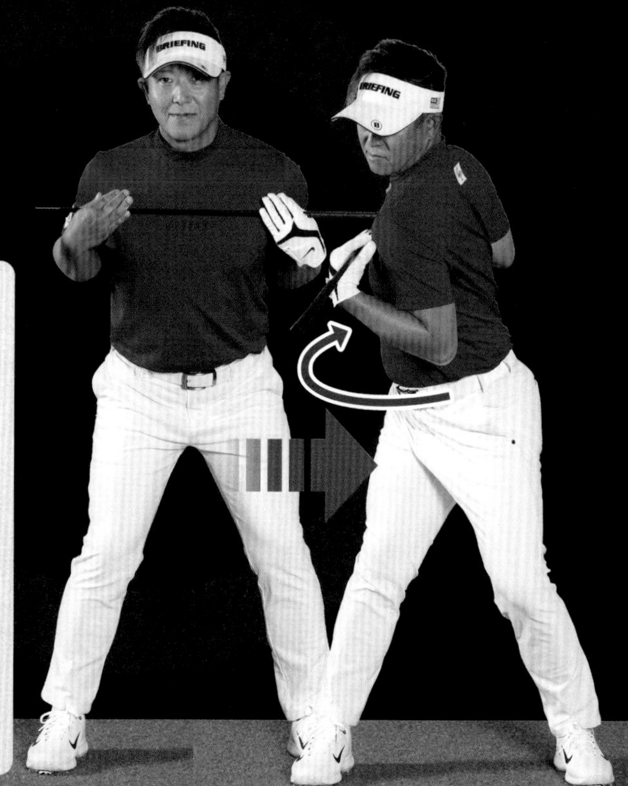

POINT

腰がしっかり回ると胸も右を向く

腰よりも肩の方が可動域が大きく、ベルトのバックルが右を向いていなくても、胸はしっかり右を向く

Driver グリップの考え方

右手と左手の握りを無理に揃えてはいけない

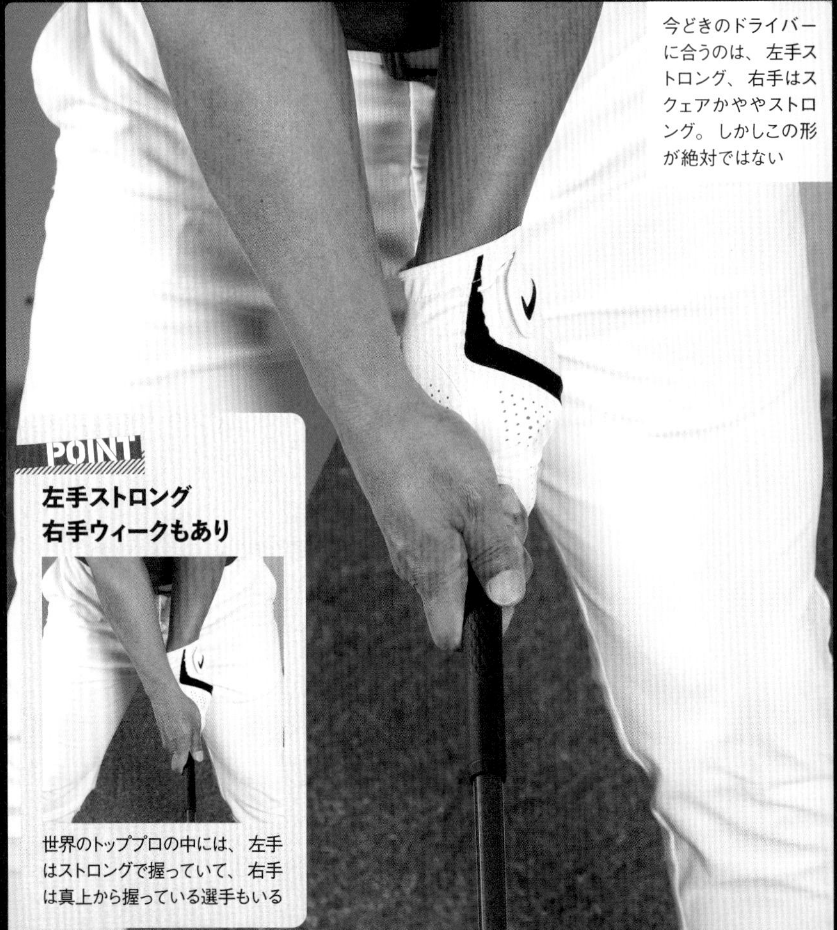

今どきのドライバーに合うのは、左手ストロング、右手はスクェアかややストロング。しかしこの形が絶対ではない

POINT

左手ストロング 右手ウィークもあり

世界のトッププロの中には、左手はストロングで握っていて、右手は真上から握っている選手もいる

左右バラバラでもOK

グリップにはスクェア、ストロング、ウィークの3種類の握り方があります。どの形で握るときも、両手の握り方は揃えなければいけないと思っている人が多いと思いますが、これも勘違い。特に合わせる必要はないのです。実際、トッププロでも、「左手はストロング、右手はウィーク」という選手がいます。

ただし、握り方によって打ち方（厳密に言うと、テークバックでのクラブの上げる方向）が変わってきます。これに関しては38ページで詳しく説明しますが、いずれにしても両手の握りを揃える必要はないということを覚えておきましょう。

上から握る

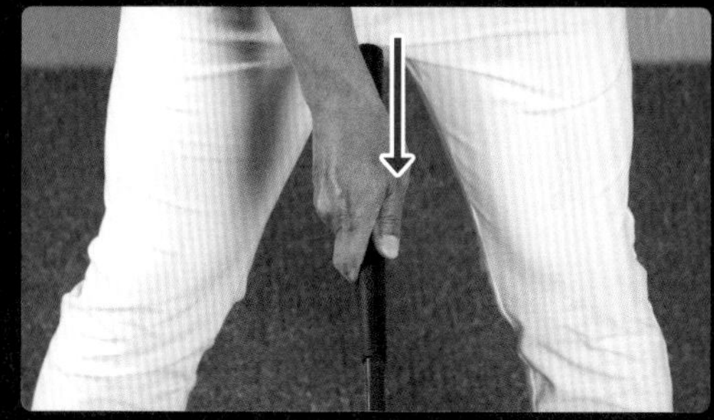

ウィークグリップのときの右手の形。右手がこの形だと、左手も正面からナックルが見えないくらいウィークに握れと言われるが、左手がストロングでも右手を上から握るのもOK

横から握る

スクェアグリップのときの右手の形。右手の親指と人さし指でできるV字が右肩を指す。最もノーマルな握りだが、左手はストロング、右手はスクェアに握っているゴルファーも多い

下から握る

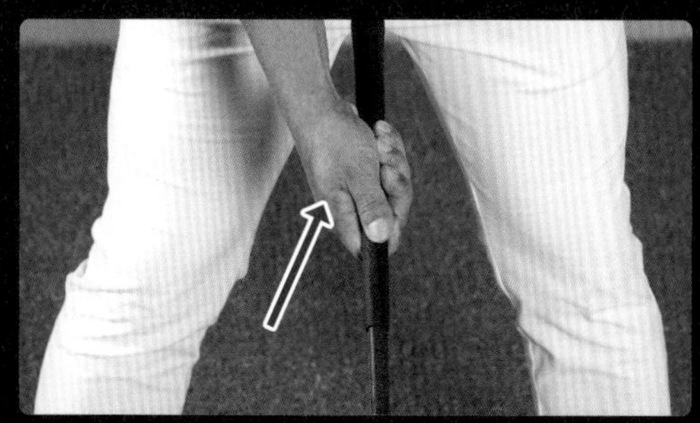

左手がストロングの場合の右手のオーソドックスな形。ヘッドが大きい今どきのドライバーにはマッチした握りだが、スウィングによって合う、合わないがあるので、必ずしもこの形で握ることはない

グリップエンドを引っ張る動き

グリップエンドを引っ張ってはいけない

NG 引っ張り込むとクラブが立って下りる

グリップエンドをボールに向かわせようとするのはNG。タメができているように見えるが、クラブが立って下りてくる

クラブが立つと振り遅れに

クラブが立って下りた時点で、いろいろなミスが起こる。この形になるとナイスショットは望めない

クラブは自然とタテに落ちる

「グリップエンドがボールに向かうように、クラブを引っ張り下ろしましょう」というのも、間違ったレッスンの一つです。

正面から見ると、ダウンスウィングでタメができているように見えますが、グリップエンドを引っ張るとクラブが立って下りて来て、振り遅れてしまうからです。

10ページでも触れましたが、腕が地面と平行になるくらいまでは、グリップエンドが地面を向くのが正しい動き。この動きは切り返しで、力を地面に向かって入れていれば自然とできます。くれぐれも自分で引っ張り込まないようにしましょう。

OK グリップエンドが地面を向くのが正解

腕が地面と平行になるまでは、グリップエンドが地面を向いているのが自然な形。引っ張り込まなければこの形になる

インパクトゾーンの動き

ヘッドを鋭角に入れてはいけない

NG ヘッドを鋭角に入れるとインパクトが点になる

ヘッドを鋭角に入れるとインパクトが点になってしまい、方向性が不安定に。エネルギーも十分に伝わらない

緩やかな入射角を意識

18ページの「グリップを引っ張り込む」動きにも関係してくるのですが、身体の近くにクラブを通そうとすると、ヘッドが鋭角に下りて来て、鋭角に抜けます。そうすると、スピン量が増えるし、インパクトゾーンも短くなって方向性も安定しません。

ヘッドの動きが鋭角にならないようにするためにも、クラブを遠回りさせるイメージが大事。そのほうがヘッドスピードも上がるし、インパクトゾーンが長くなるのでスピン量も安定します。女子プロがゆっくり振っているように見えて飛距離が出るのは、〝遠回りスウィング〟を実践しているからなのです。

OK クラブを遠回りさせれば入射角が緩やかになる

クラブは遠回りさせる。その方が、ヘッドスピードが上がるし、インパクトゾーンも長くなって方向性も安定する

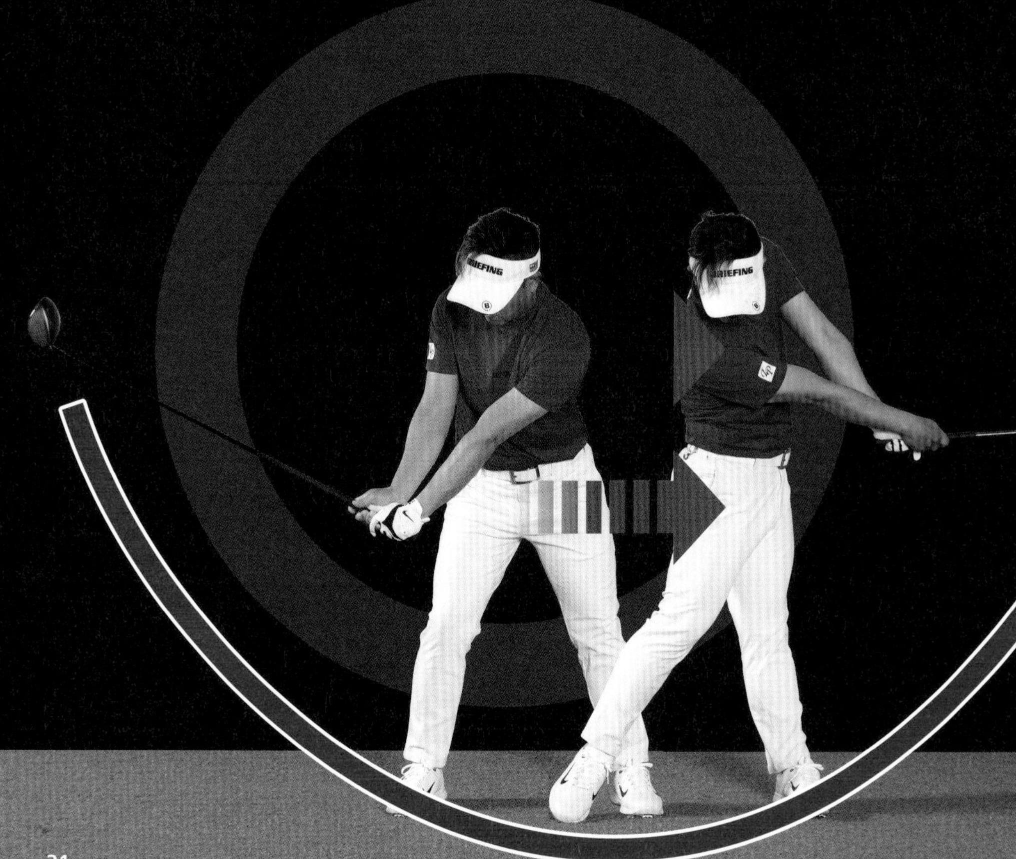

切り返し直後に リリースしてはいけない

右手首が早めに解けると ボールを強く叩けない

切り返し直後に手首が解けてしまうと、ボールを強く叩けなくなるだけでなく、すくい打つような形になってしまう

POINT

先に手首が解けた状態

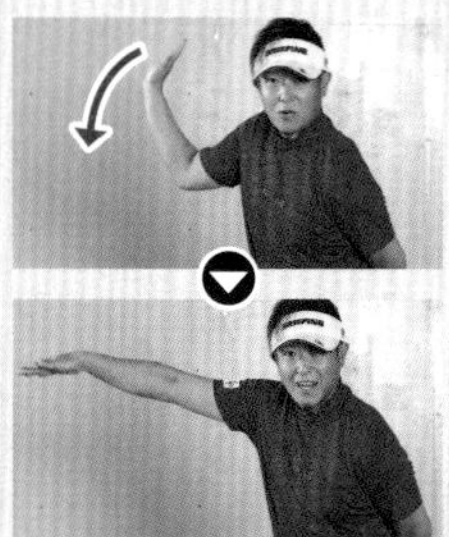

多くのゴルファーは切り返し直後に、写真のように手首が解けた状態になっている

右手首の角度を保つ

手のひらでものを強く叩こうとしたとき、手首が先に動いて最後に指先側が折れます。最初から指先側を折った状態（腕と手首が一直線の状態）で叩きにいかないはずです。ゴルフになると、後者の動きでボールを打ちにいこうとする人が多いのですが、ボールを強くヒットするためには、インパクトまで右手首の角度を解かず、キープしておかなければいけないということです。

これを覚えるための「フィッシュテールドリル」を108ページで紹介しますが、ダウンスウィングでは右手首の角度を意識するようにしてください。

OK 右手首を解けなければボールを強く叩ける

インパクトゾーンの入口まで右手首の角度をキープ。インパクト直前でリリースすれば、ボールに力が伝わる

POINT

打つ瞬間にリリースする

ボールを遠くに飛ばすためには、ボールを叩く瞬間に右手首をリリースすることが大事

スウィングの考え方

スウィングプレーンをなぞってはいけない

動きを確認しながらの素振りはNG

テークバック、トップ、フォロースルーといろいろな部分が気になると思うが、いちいち確認していると動きが悪くなる

素振りは動きを重視

ゴルファーの中には、自分なりにチェックポイントを設けて、それをチェックしながらスウィングする人もいるようです。しかし、一つ一つの動きを確認していると、かえって動きが悪くなります。動き始めたら止まらないのがスウィング。一連の流れとして動きを考えた方がいいでしょう。

気になるポイントがあれば確認してもいいのですが、それをやるならワンポイントに絞ること。基本的には素振りのときも、ハーフウェイダウン辺りからフィニッシュまで、ビュンと振っていきましょう。その方が、スムーズな動きになるはずです。

OK 形よりも振ることを大事にする

各ポイントの形より、しっかり振ることが大事。素振りでは、ダウンの途中からフィニッシュまで一気に振り抜くことを意識しよう

ラウンド前の練習で気をつけること

曲がりが大きい場合は スタンスやボールの位置を少し変える

アマチュアゴルファーの中には、ラウンド前の練習をせずにいきなりスタートする人がいますが、ツアープロは必ずボールを打ちます。身体を目覚めさせるという意味合いもあるのですが、その日の調子や球筋をチェックするというのが大きな目的です。

皆さんも楽しくラウンドをしたいと思うなら、必ず練習場に足を運び、実際にボールを打ちましょう。そして、その日、どういう傾向の球が出やすいかをチェックしておきましょう。左右どちらに曲がりやすいのかを知っておくだけでも、ラウンドでは役立つはずです。

また、曲がりが大きい場合は、アドレスやボールの位置を少し変えることをオススメします。

例えば、スライスが出る場合は、右足を少し引いて構えるか、ボールを少し右に置く。フックの場合はその逆で、左足を引くか、ボールを左に置く。それだけで球筋がある程度修正できます。

間違っても、スウィングをいじらないこと。ラウンド前に「ああでもない、こうでもない」とやり始めると、収拾がつかなくなって、ラウンド中も頭が混乱したままになってしまうからです。

ぜひ今度のラウンドで、試してみてください。

Driver

2 結果が出る！ドライバースウィング理論

ドライバー練習のメリット

ドライバーが扱えれば短いクラブは超簡単！

フルショットが要求されます。それに対しショートアイアンは、それほど速く振る必要がないし、多少軌道が乱れても、大きなミスにはなりません。

そういう点からいっても、短いクラブでスウィングを作るより、ドライバーで動きを覚えた方がいうのが私の考えです。

ドライバーを自在に扱えるようになれば、短いクラブは超簡単になるはず。正しいスウィングを覚えるためにも、ぜひドライバーの練習に多くの時間を割いてください。

まずはドライバーの練習を！

「スウィングは短いクラブで覚えましょう」ということがよく言われますが、短いクラブが上手く打てるようになったからといって、長いクラブも同じように打てるかというと、そうではありません。

例えば、ドライバーとショートアイアンを比べた場合、ドライバーは飛ばすためのクラブということもありますが、大きく、速いスピードでクラブを振らなければいけません。また、常に

POINT

ドライバーの安定性がスコアを左右する

ゲームという観点から考えても、ドライバーは大事。ティーショットが飛ばなかったり、曲がってはスコアメイクもままならない。ゴルフを楽しむためにも、まずはドライバー練習を

開きたがるフェースを制御する

Driver
クラブヘッドの扱い方

フェースの開閉はできるだけ抑える

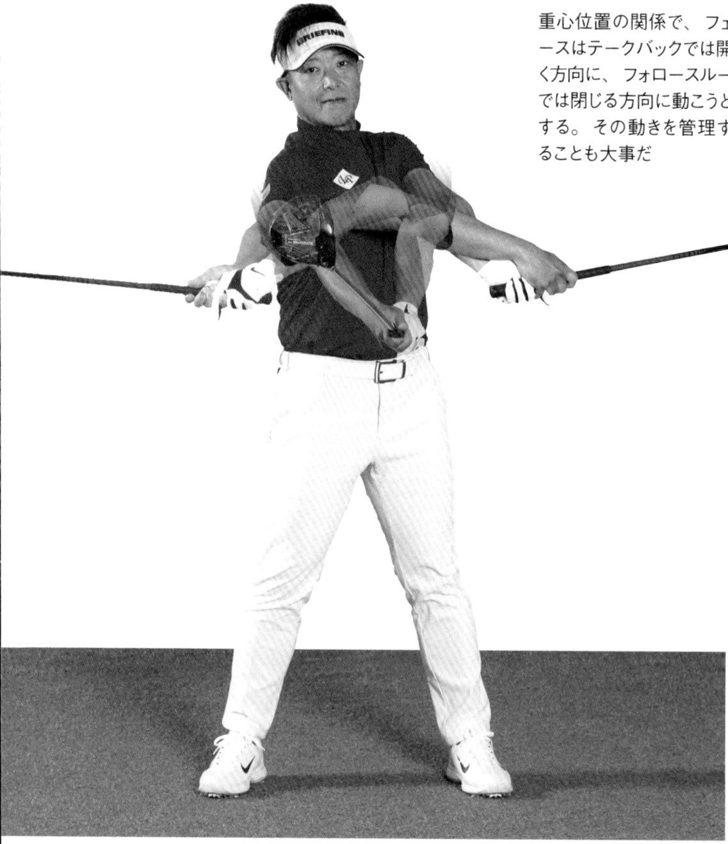

重心位置の関係で、フェースはテークバックでは開く方向に、フォロースルーでは閉じる方向に動こうとする。その動きを管理することも大事だ

大事なのはフェースの管理

テークバックでは、ヘッドは何もしなくても開く方向に動こうとします。もしそれを制御しなかったら、大きく開いて元に戻すのが難しくなります。

そうならないためにも、フェースの開閉はできるだけ抑えるというのが基本。フェースの開きが小さければ、スクェアに当たる確率も高くなるので、曲がる危険性も減ります。真っ直ぐ飛ばすためにも、フェース向きをしっかり管理しましょう。

OK 開閉を抑えることで方向性が安定する

テークバックではフェースが開かないように管理。フェースの開きを抑えることができれば、インパクトゾーンも長くなるので方向性も安定する

NG 開閉が大きいとショットが乱れる

フェースの開閉が大きくなると、インパクトゾーンが短くなるので方向性が不安定に。開いて当たると右に曲がり、閉じて当たると左に曲がる

スウィングのイメージ

ブランコをイメージすればヘッドは軌道から外れない

自分で引っ張るとヘッドの動きが乱れる

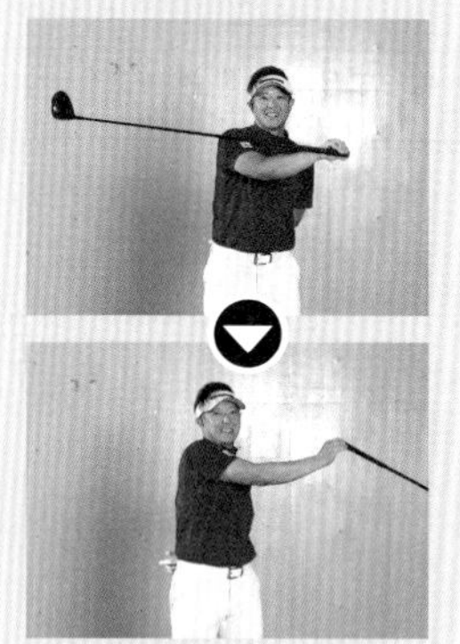

振り子運動だけでは満足できず、手で動かしてしまうと、たちまちクラブの動きは乱れる。これがミスショットの最大の原因となる

振り子運動が最も安定する

スウィングは振り子運動です。ブランコのように、支点をキープしてクラブを揺らせばいいだけなのです。しかし、それでは物足りないからといって、自分でクラブを引っ張ってしまう。そうするとクラブは、不安定な動きになり、スピードも思ったほど上がりません。

スピードを上げるのは、手の力ではなく身体の動き。地面反力を使えば、ヘッドに勢いが付いて、スピードは上がるのです。

振り子運動がスウィングの基本

支点をキープしてクラブを揺らせば、ヘッドが軌道を外れることはない。つまりこの動きがスウィングでも実現できれば、ミスショットにはならない

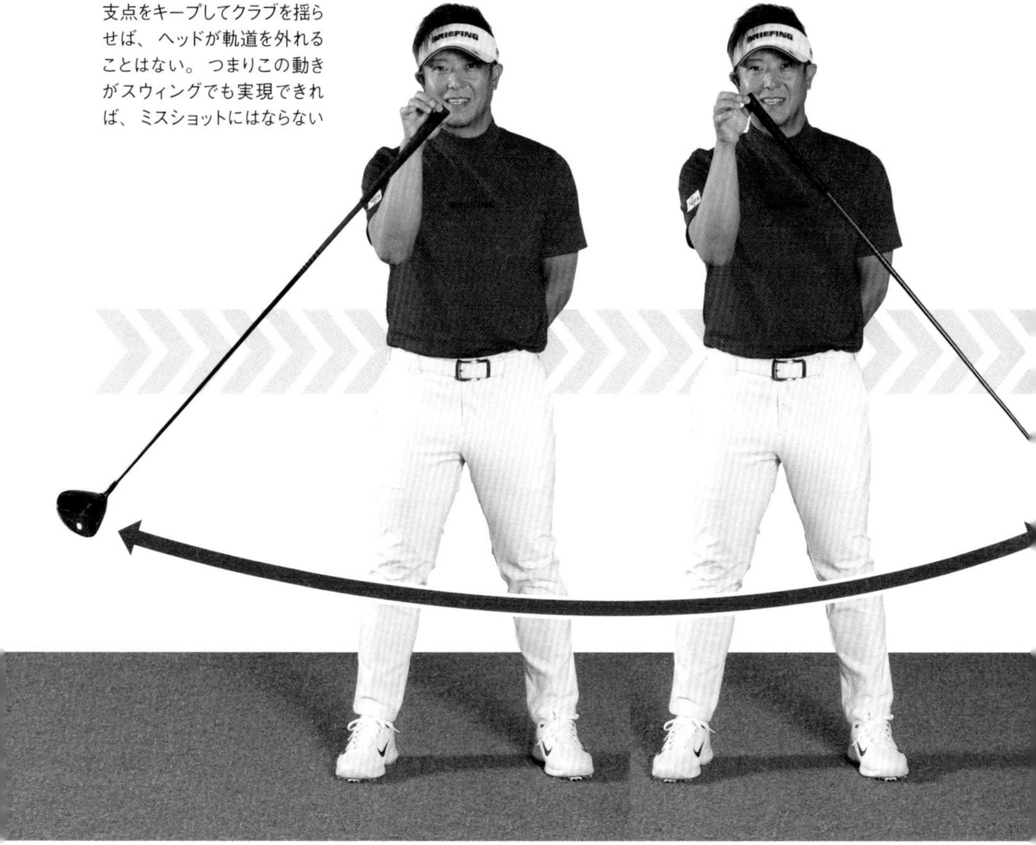

POINT

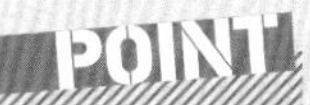

下半身を使えば ヘッドに勢いが付く

クラブが下がるタイミングでしゃがんで起き上がると、クラブに勢いが付く。これが地面反力の正体だ

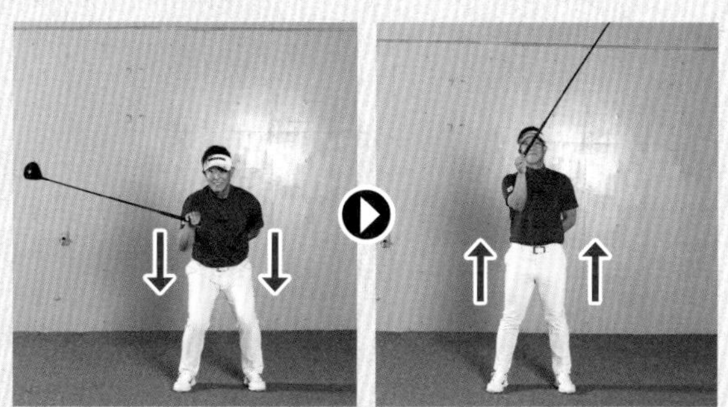

Driver

インパクトゾーンを長くする

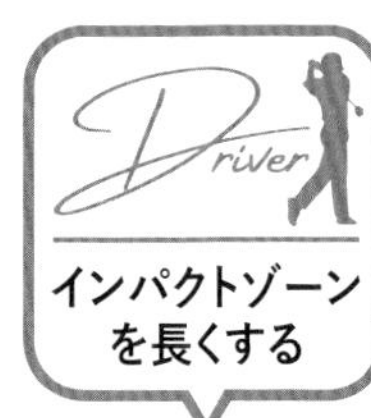

右足前のボールを飛球線方向に転がすイメージでスウィング

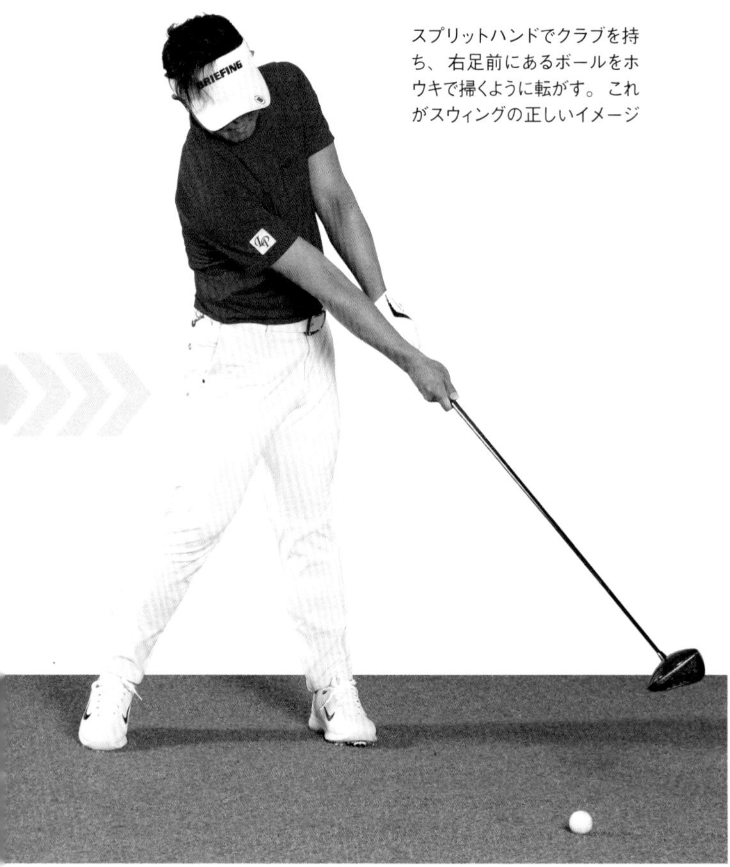

スプリットハンドでクラブを持ち、右足前にあるボールをホウキで掃くように転がす。これがスウィングの正しいイメージ

手元の最下点は右足前

多くのゴルファーは、インパクトゾーンが短いのですが、その原因は打ちたいという気持ちが強いから。ボールを打ちにいってしまい、ヘッドがアウトサイド&上から入ってくるのです。

インパクトゾーンを長くするためには、右足前にあるボールを飛球線方向に転がすイメージで振っていくことが大事です。そうすればヘッドは低く長い動きになり、ボールもアッパー軌道で捉えられるようになります。

ボールをホウキで掃くようなイメージで振る

ボールを打ちにいくとヘッドは上から入る

ヘッドが上から入るとインパクトゾーンが点になる。また、ダウンブローになってスピン量が増え、飛距離も落ちる

手とクラブの運動量とタイミングを合わせる

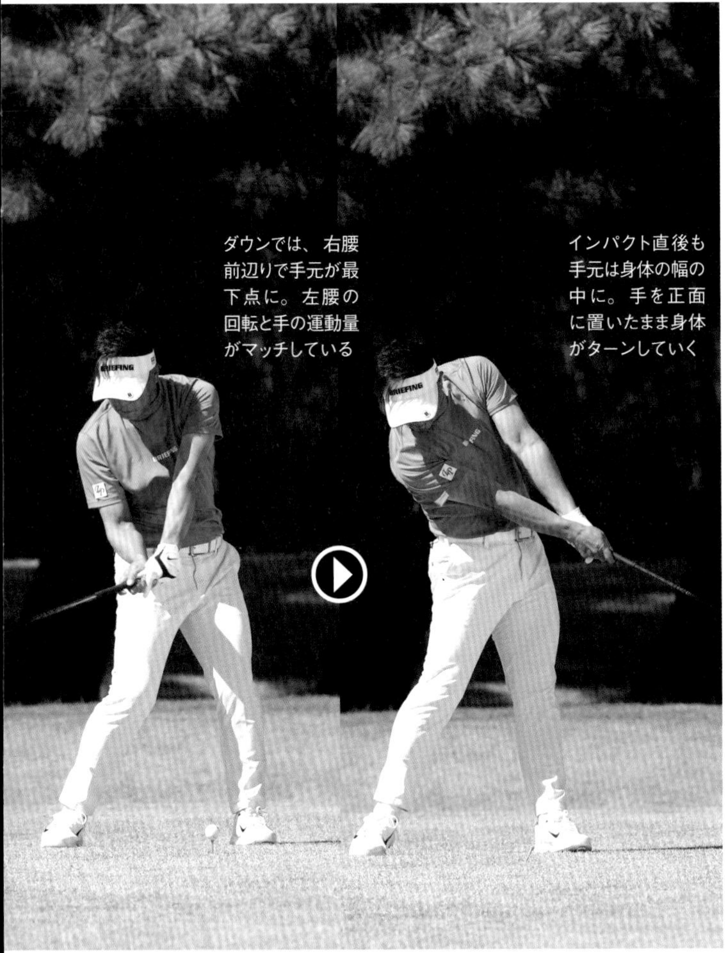

ダウンでは、右腰前辺りで手元が最下点に。左腰の回転と手の運動量がマッチしている

インパクト直後も手元は身体の幅の中に。手を正面に置いたまま身体がターンしていく

美しいスウィングを目指す

ゴルファーには大きな動きでクラブを振る人もいれば、コンパクトに振る人も。これに関しては、どちらでもOK。ただし、どちらの動きであれ、手とクラブの運動量とそのタイミングが合っている必要があります。

大きいスウィングなのに飛距離が出ない、コンパクトに振っているのに方向性が安定しないという人は、手とクラブの運動量とタイミングが合っているかどうかをチェックしましょう。

美しいスウィングは手とクラブの動きが合っている

オーバースウィングになりがちなトップだが、手元は身体の幅の中に収めることが大事

下半身が正面に戻ったとき、胸はまだ右を向いていて、腕はムチのようにしなっている

手や身体を使い過ぎてはダメ

よく見られる手とクラブの運動量とタイミングが合わない動き。これらは手の使い過ぎや身体の動き過ぎによって起こる

テークバックの手首の使い方

気持ちのいい上げ方によって右手の持ち方が決まる

人によって気持ちのいい上げ方がある

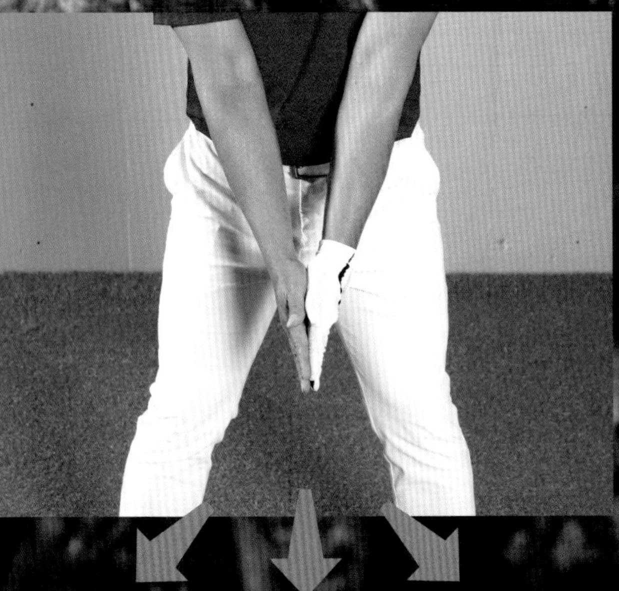

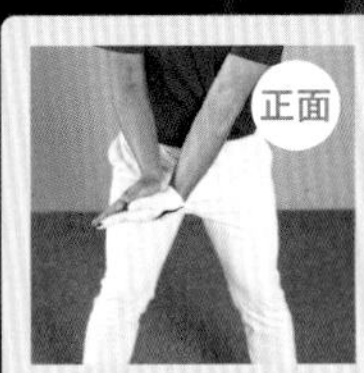

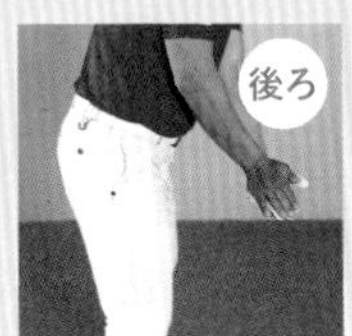

パターン①／右手を上から握るとテークバックで甲が上を向き、クラブはアウトに上がる

パターン②／右手を横から握るパターンで、テークバックではストレートに引きやすい

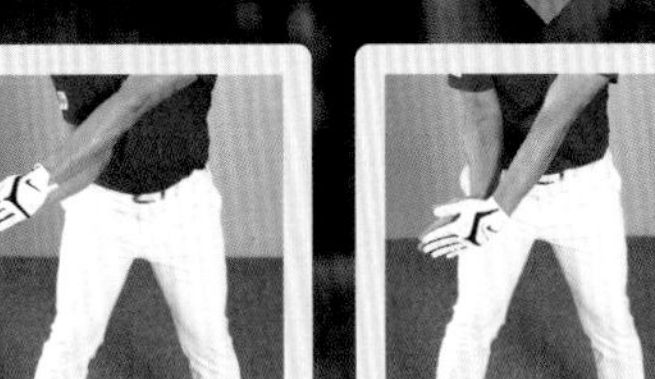

パターン③／右手を下から握ると右手甲が下を向き、クラブはインサイドに上がりやすい

大事なのは右手の持ち方

テークバックは、人によって上げやすい形があります。その違いが出るのは右手首。「右手の甲が上を向くように上げたい」（パターン①）のか、「右手の甲を真横に動かしていきたい」（同②）のか、それとも「右手の甲を下に向けながら上げていきたい」（同③）のか。

それによって右手の持ち方が変わってきます。①の人は上から、②の人は横から、③の人は下から持つようにするといいでしょう。

そうすれば気持ち良くクラブが上がるはずです。

自分に合うグリップとテークバックを確認するときは、肩の動きを止めて、手首と上腕の動きだけでチェック。P.16の握り方も参考に

左右の高さが入れ替わるタテ回転

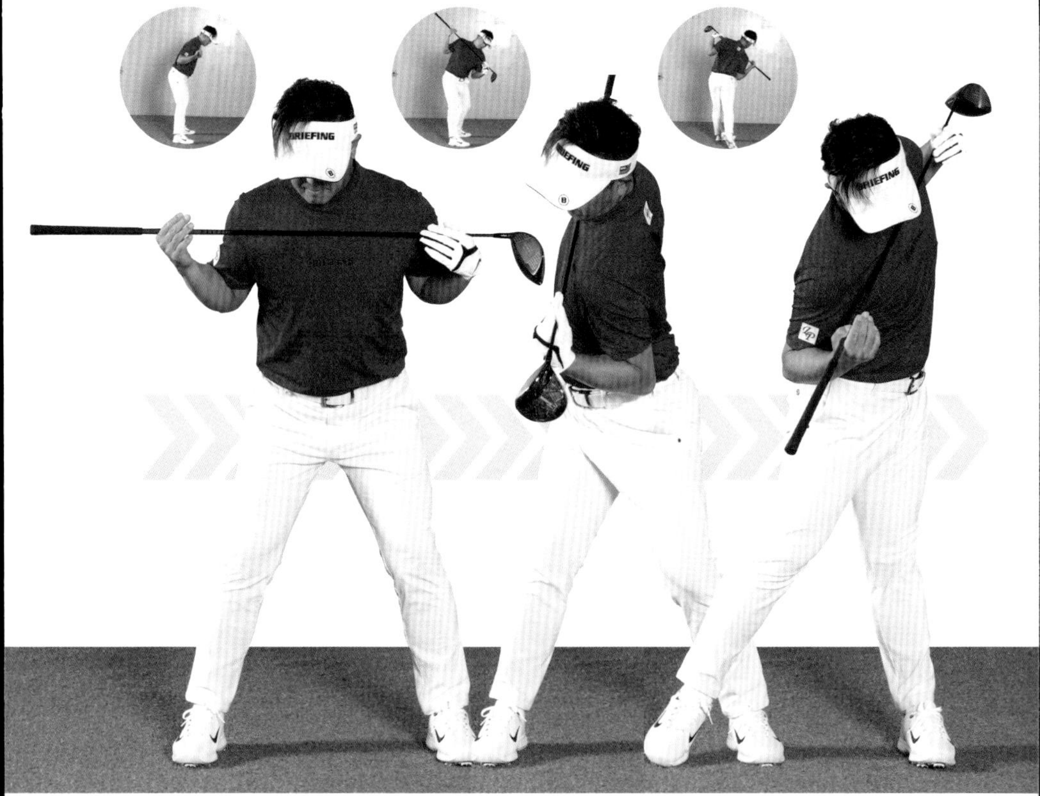

テークバックでは右腰を、ダウン以降は左腰を回しながら肩の高さを入れ替える。そうすれば軸がブレないので軌道も安定する

スウィングは身体の入れ替えによって実現する

肩が水平に動くヨコ回転

ヨコ回転だと、トップとフィニッシュで頭の位置がずれているのが分かる。つまり、軸ブレの原因はヨコ回転にあるということだ

タテに動くのが正解

スウィングは、回転運動だということは皆さんもご存じだと思いますが、回転のやり方を間違っている人が数多くいます。

多くのゴルファーは、上体を回すことが回転だと思っているようですが、正しくは上体のタテ回転。テークバックでは左肩が下がって右肩が上がり、ハーフウェイダウン～インパクトでは左肩が上がるというのが正しい形なのです。

このことからも分かるように身体を回すのではなく、身体を入れ替えることによってスウィングが行われるということ。まずはこのことをしっかり理解してください。

Driver

身体の
入れ替え方法

アドレスからトップまでは左軸 切り返しからは右軸が正解

POINT

軸ぶれしない入れ替え

身体の入れ替えのイメージ。ポイントは、切り返し〜フォロースルーで左サイドを引くことで、このやり方だと軸がぶれることはない

軸がぶれない身体の入れ替え

「肩はタテに動かしましょう」という話をしましたが、身体全体の動きで考えれば、テークバックで右足を後方に引き、フォロースルーで左足を引けば、身体の入れ替えは完了します。そしてこの入れ替えをイメージしてスウィングすれば、軸がぶれないので、ダウンで身体が前に突っ込むこともなくなります。

プロの中には、この動きを使ってビッグドライブを実現している人が数多くいます。

トップから左足を引けば ヘッドが正しく戻る

切り返し後、左サイドを後ろに引けば、身体が突っ込まず、ヘッドも正しい位置に戻る。この打ち方を取り入れている飛ばし屋も多い

ヨコ回転だと身体が 突っ込むか腰が前に出る

身体を揺さぶるようなヨコ回転だと、トップから右サイドが前に出てしまう。この動きになると、軸ぶれするだけでなく、スピードも出ない

股関節の動き

前後の体重移動が正しければ入れ替えもスムーズになる

ダウンスウィング〜インパクト

右足ツマ先

左足カカト

テークバックでは右足カカト、左足ツマ先、ダウンスウィング以降は右足ツマ先、左足カカト体重に。この体重移動で身体の入れ替えがスムーズになる

前後の体重を入れ替える

スムーズな身体の入れ替えをするためには、スウィング中の前後の体重位置も重要なポイントになってきます。

まずアドレスでは、足の真ん中辺りに重心を置き、テークバックでは右足カカト、左足ツマ先になります。そして切り返し以降は、右足がツマ先体重、左足がカカト体重になるというが正しい体重の掛け方です。この形になるように、股関節を上手に動かしましょう。

テークバックと切り返し後では体重の掛かる位置が違う

アドレス

テークバック〜トップ

右足 カカト

左足 ツマ先

※著者が開発した練習器具「LPスウィング パワーシフト」を使用

同じ方向に体重が乗るとスエーの原因に

両足ともツマ先体重になったり、両足ともカカト体重になることによってスエーが生まれる

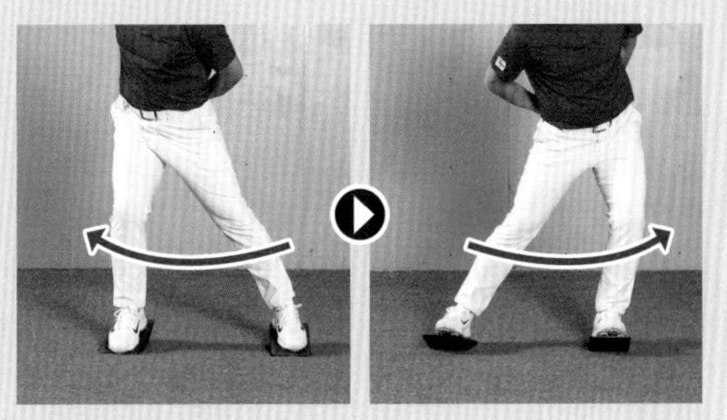

切り返し直後、手元は飛球線後方に向かって動く

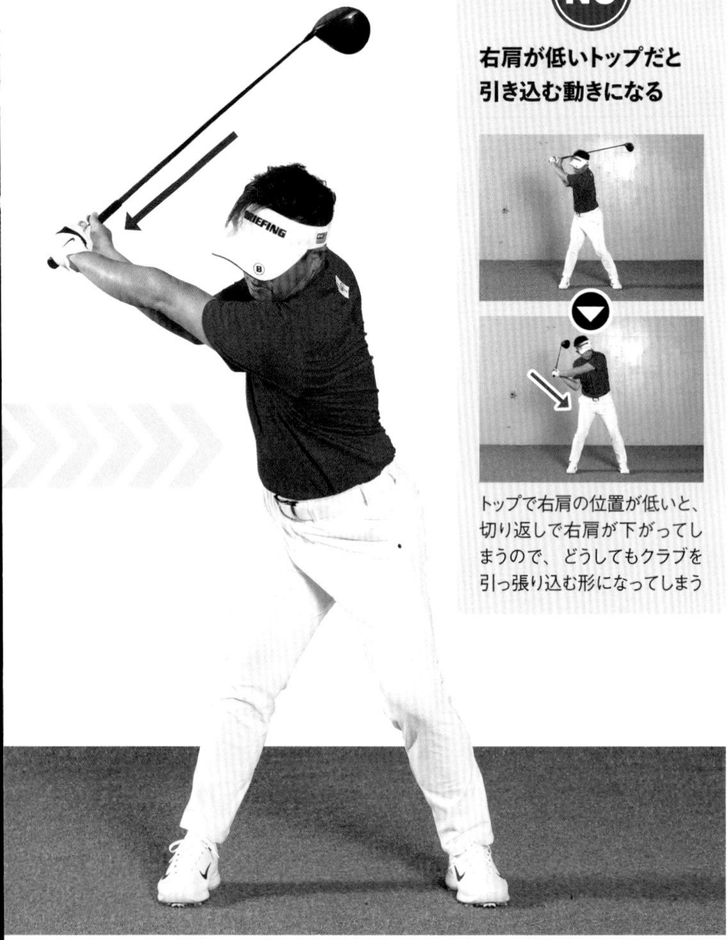

NG

右肩が低いトップだと引き込む動きになる

トップで右肩の位置が低いと、切り返しで右肩が下がってしまうので、どうしてもクラブを引っ張り込む形になってしまう

トップでは右肩を高くする

切り返し後、手元を身体の方に引きつけてはいけないという話をしましたが、手元はどちらかというと、飛球線後方、身体から離れる方向に動かします。

「身体から離す」という動きがイメージできない人も多いと思いますが、テークバックで肩がタテに回転していて、トップで右肩が上がっていれば、この動きはスムーズになります。そういう点からいっても、肩のタテ回転というのは大事なのです。

トップで右肩が高ければ、右肩を飛球線後方に動かせる

トップからクラブを身体の方に引きつける人が多いが、手は飛球線後方に動くのが正解。ここで間違えると、クラブが正しい軌道で下りてこない

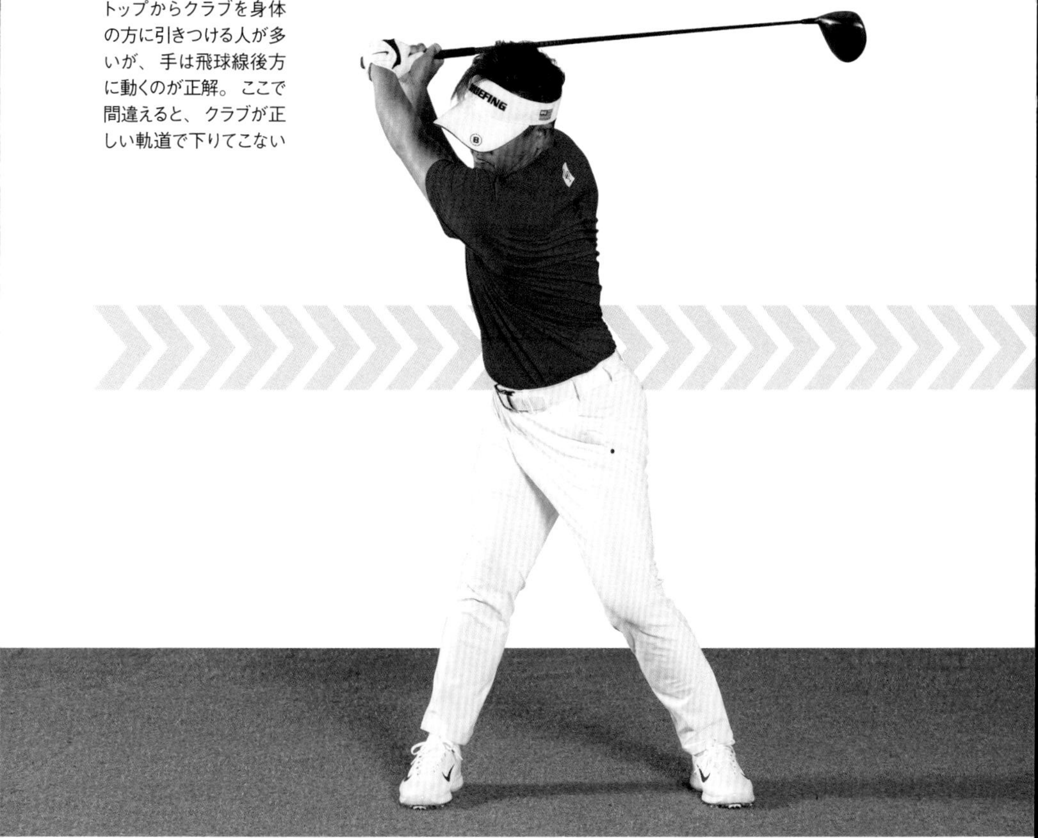

POINT

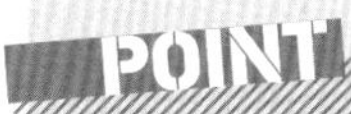

右肩が高いと勝手に離れていく

トップで右肩を高い位置に上げることが大事。そうすれば手は、ダウンスウィングで自然と飛球線後方に動く

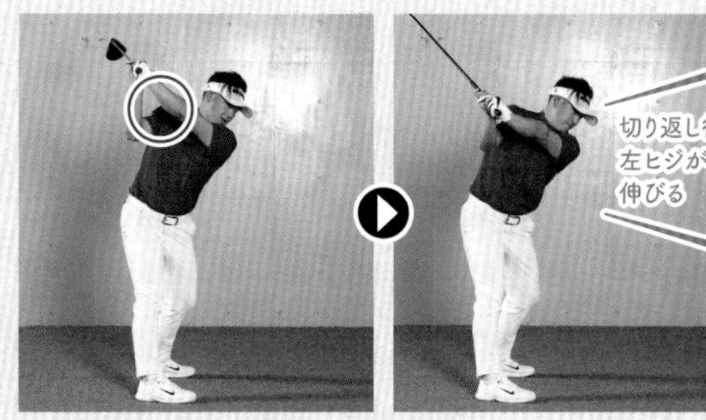

左足を踏んだ時点で左への体重移動は完了。その後、腕が地面と平行になるまでに腰を元に戻し、あとは腰を回して、左膝を伸ばしながら一気に加速させる

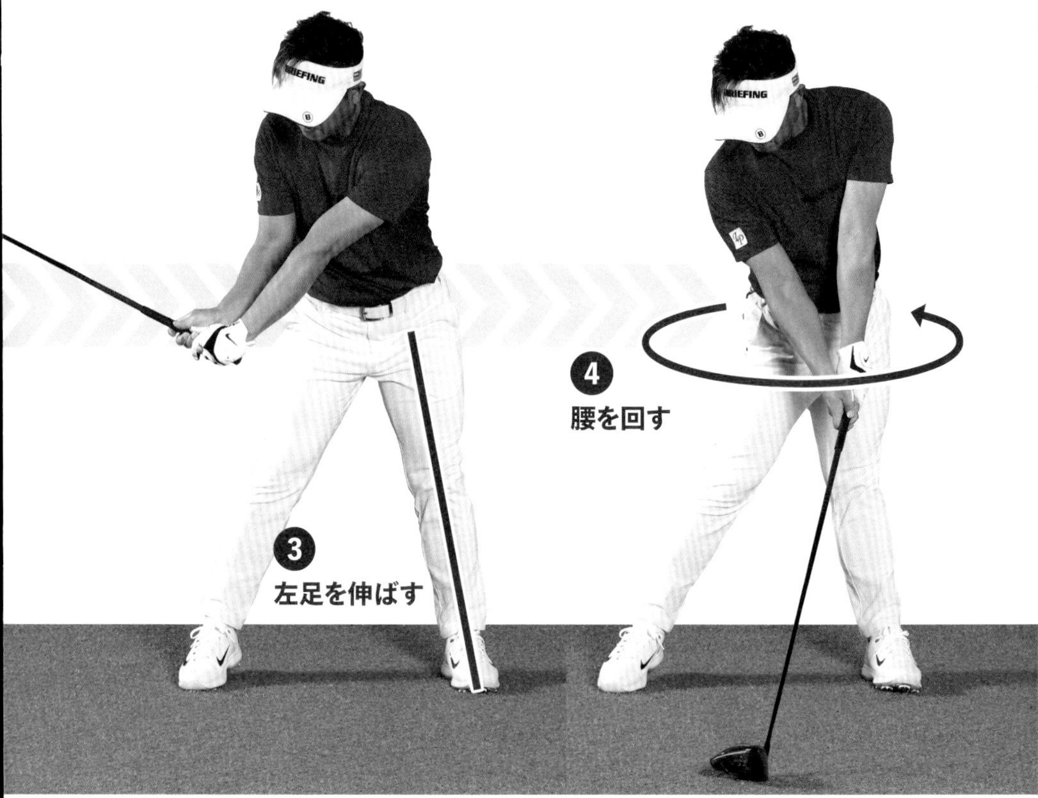

3 左足を伸ばす

4 腰を回す

腕が地面と平行になった時点で腰は正面に戻る

最もヘッドスピードが上がるタイミングとは

左足を踏むタイミングが大事

スウィングは流れの中で行われるわけですが、どのタイミングでどうなっていればいいのかというのを説明しましょう。

まずトップまでいったら、左腕が地面に対して45度のところに来るまでに左足を踏みます。その後、左腕が地面と平行になるまでに、腰はほぼ正面に戻っているのが理想です。そしてここからインパクトにかけて、左ヒザを伸ばしながら腰を左に回していきます。

この動きができれば、ヘッドスピードが最大までアップするはず。スウィングチェックをするときは、この4つのポイントを確認してみてください。

肩と腰の動きの関係性

肩はタテに動かすが腰は後ろに引くイメージで

肩はタテ回転が基本。テークバックでは右肩が、フォロースルーでは左肩が上がるように動かす。地面と平行になるヨコ回転にならないように注意

腰は肩に比べて水平に近い回転。イメージとしては、テークバックで右腰を後ろに引き、フォロースルーでは左腰を引く感じで動かすようにしよう

腰はタテに動かさない

ゴルファーの中には、「肩をタテに回転させましょう」という と、腰も同じようにタテに動かそうとする人がいます。しかし、腰がタテに動くとおかしな動きになります。例えばフォロースルーで腰が前に出て伸び上がるといったように。

そうならないように、肩はタテに動かしますが、腰はヨコに動かしましょう。どちらかというと後ろに引くイメージ。肩と腰の動きがマッチすれば、きれいなスウィングになります。

肩はタテに動かす

腰は後ろに引く

腰をタテ回転させると フォローで左腰が伸びる

腰もタテ回転を意識すると、フォロースルーで左腰が伸び上がってしまう。こうならないように、後ろに引くイメージで動かそう

ヘッドを加速させるタイミング

力を入れるのはダウンの途中 そうすればオンプレーンに動く

切り返しからいきなり打ちにいくのではなく、まずは手に力を入れないでクラブをプレーンに乗せる。力を入れるのは手元が右腰の辺りに来てから

いきなりトップギアはNG

ゴルファーの中には、切り返しからいきなりトップギアに入れる人が多いのですが、そうすると最初からプレーンを外れてしまいます。一度外れたものは元には戻らないので、結局は外れっぱなしになってしまいます。

力を入れるべきは、手元が右腰辺りに来たとき。ここまで手に力を入れなければクラブは確実にプレーンに乗るので、ここからどんなに力を入れても大きく曲がることはありません。

クラブをスウィングプレーンに乗せるコツ

ここで
力を入れる！

**トップで力を入れた瞬間
ミスショット決定**

トップからいきなり力を入れると、切り返した時点でしなり戻りが発生。クラブもプレーンから外れ正しい軌道には戻らない

切り返しでシャローにする

切り返しで右腕を伸ばせばダウンでシャフトが寝る

NG 右腕を伸ばす意識がないと背屈しない

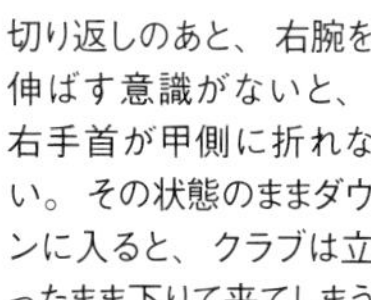

切り返しのあと、右腕を伸ばす意識がないと、右手首が甲側に折れない。その状態のままダウンに入ると、クラブは立ったまま下りて来てしまう

アマチュアゴルファーによく見られるのは、切り返しのあと、クラブが立ったまま下りて来るスウィング。切り返しで右腕を伸ばす意識がないと、この形になりやすい。右腕を伸ばすというのは、「力を入れない」ことにも繋がる

OK 右腕を伸ばせば右手首が甲側に折れる

右腕を後方に突き出すイメージ

ダウンスウィングでクラブを寝かすことができない人が多いようですが、この動きが簡単にできるようになる方法があります。その方法とは、ダウンの入口で後方に向かって右腕を伸ばすこと。この動きをするとシャフトは簡単に寝ます。また、シャフトが左に回転するので、フェースが閉じる方向に動きます。ダウンでシャフトが立つ人は、「右腕を伸ばす」を意識してみてください。

切り返しのあと、ダウンスウィングの入口で右腕を伸ばす意識が必要。その意識があれば、右手首が甲側に折れ、クラブは寝る方向に動く

右腕を伸ばすだけで、右手首が甲側に折れ、シャローなダウンスウィングに。また、右腕を伸ばすことによって、シャフトが左に回転し、フェースが閉じる方向に動くので、インパクトでフェースがスクエアに戻りやすくなる

手の最下点の位置

手の最下点を右足前にすれば入射角が緩やかになり飛ぶ

手は右足前に下ろすイメージでスウィング。そしてここから手は上昇を始める。つまりインパクトゾーンでは手は下から上に動いていることになる

最下点が左足前だとヘッドが上から入る

ダウンで手を身体の正面に戻そうとすると、クラブを引っ張り込む動きに繋がり、ヘッドも上から来てしまう

右足前から手は上がり続ける

ダウンスウィングの際、インパクトに向けて、手元をボールのある位置に持ってこようとする人が多いのではないでしょうか。しかし実はこの意識が、クラブの引き込みに繋がるのです。

このようにならないためには、右足前が手元の最下点だと思ってスウィングすることが大事。そしてここから手元を上昇させていく。そうすればクラブはシャローに入ってきて、インパクトゾーンも長くなります。

右足前に手元を下ろすことだけを考える

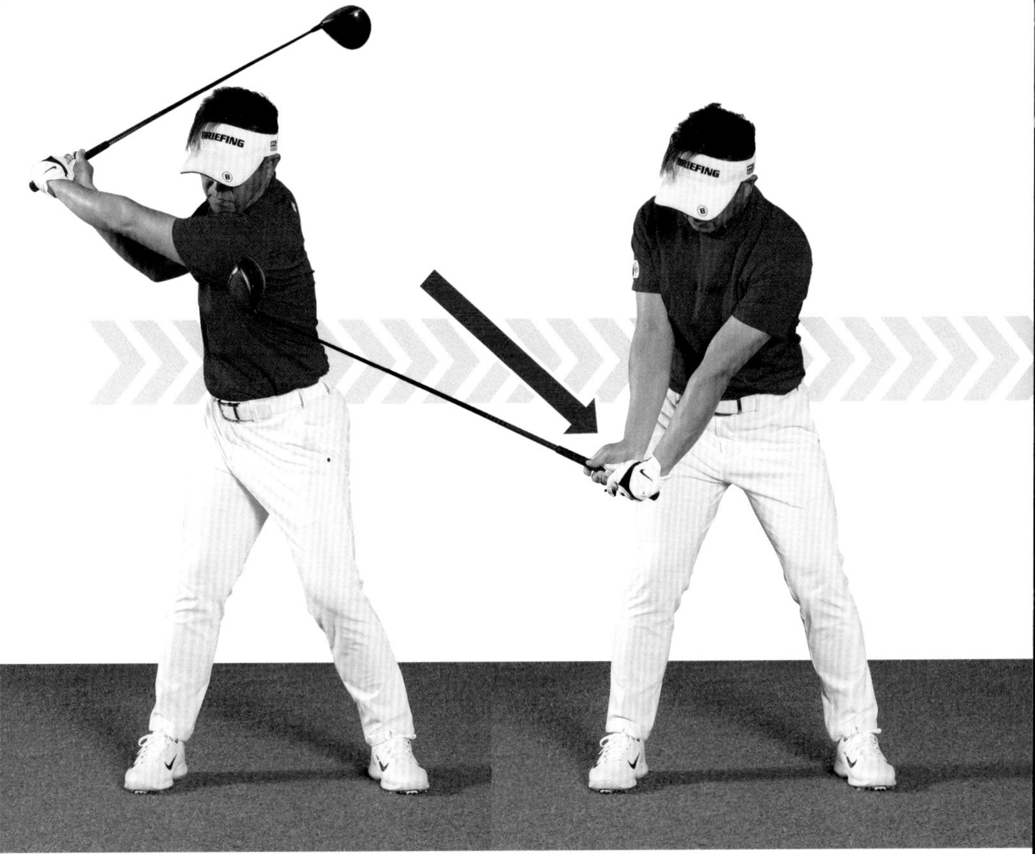

POINT

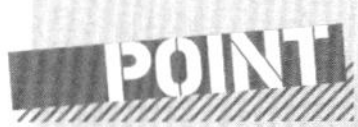

最下点のイメージでスウィングが激変する

右足前最下点を意識するだけでタメができる。 左足前最下点意識だと身体が開いて上体が突っ込む

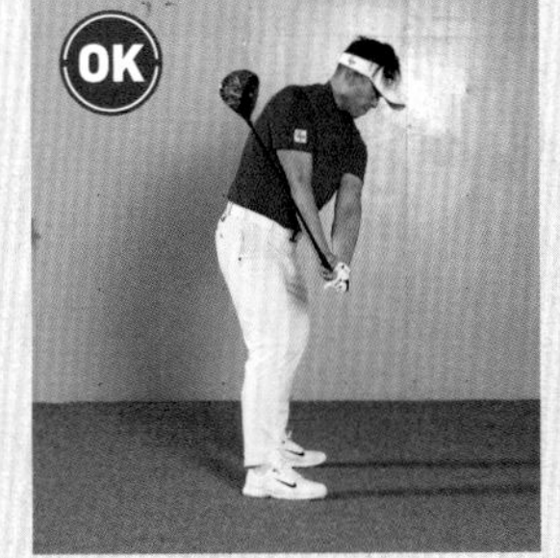

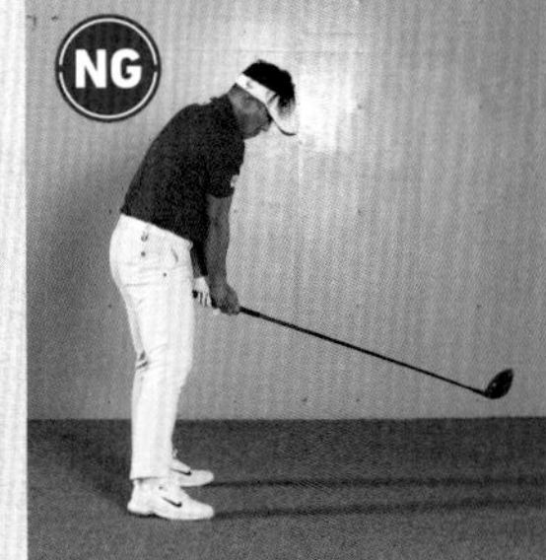

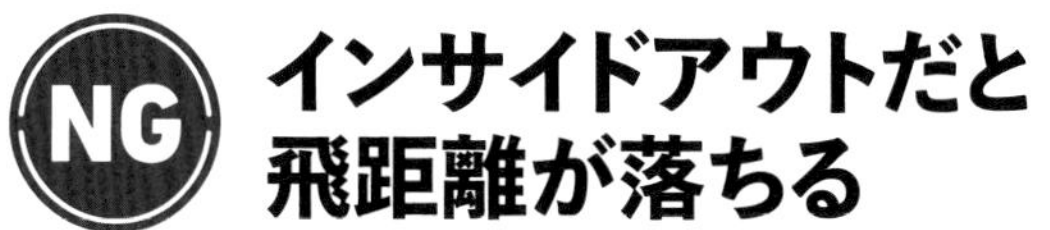

NG インサイドアウトだと飛距離が落ちる

インサイドアウトで振ると、インパクトが点になるほか、手とヘッドの運動量が同じになってヘッドスピードも上がらない

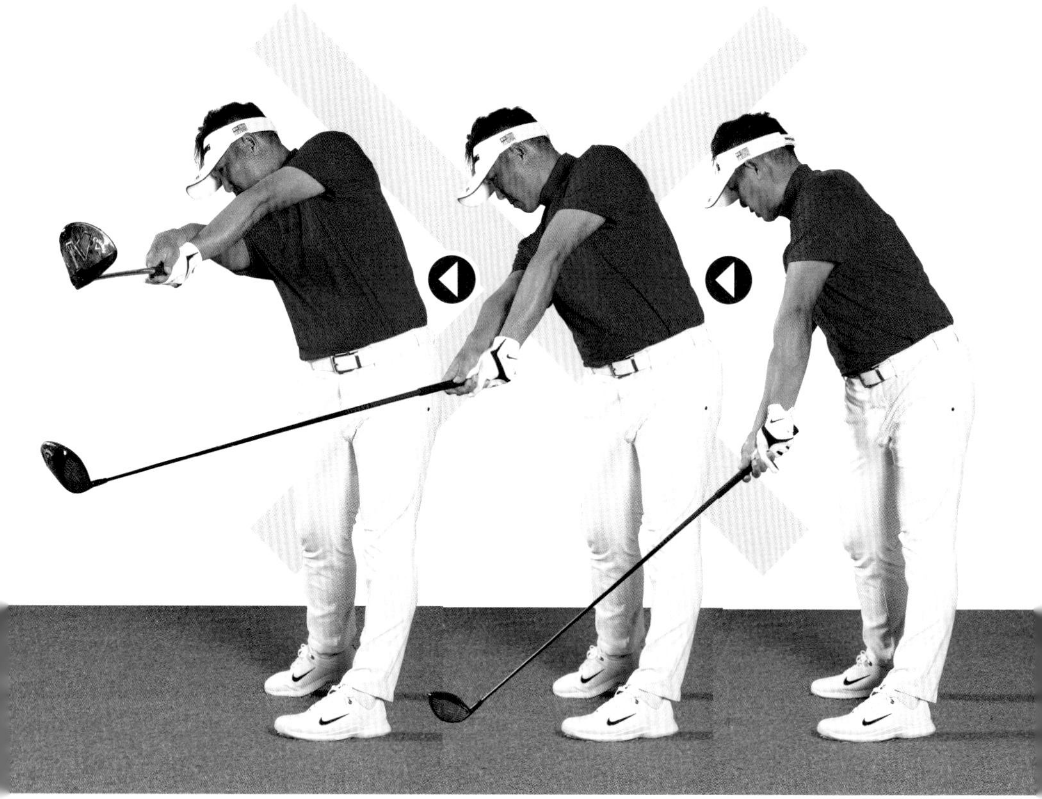

リリースでの正しい動き

フォロースルーでは手元が身体から離れていかないように

インサイドインの方がヘッドスピードは上がる

インサイドインで振れば、手は少ししか動かないが、ヘッドだけが大きく動くので、その分、ヘッドスピードも上がる

クラブの動きを邪魔しない

インパクトからフォロースルーにかけては、手は身体の回転に沿って振っていくというのが正しい動きです。

ゴルファーの中には、手を身体から離すように振る人がいますが、そうするとハーフウェイダウン辺りから左腕が身体から離れるため、フェースの回転量が増え、インパクトゾーンが点になってしまいます。

また、手元がヘッドと同じように前に出ていくと、ヘッドと手の運動量に差がなくなって、スピードが上がりません。そもそもテコの原理が正しく働いていたら、ヘッドは左に行きます。その邪魔をしないように。

フェースターンは意識せず自然なリリースで打とう

右手首を手のひら側に折る動きがリリース。手首を甲側に折ることによってためていた力が解放され、そこにエネルギーが生まれる

リストターンは必要なし

皆さんは、リリースとリストターンの違いを知っていますか？ ゴルフスウィングでいうリリースとは、右手首が手のひら側に折れること。一方、リストターンは、上または横を向いていた右手がひっくり返って下を向く動きのことをいいます。

何度も言っているように、スウィングで必要なのは、自然なリリース。インパクトゾーンで右手首が手のひら側に折れるのが正しい動きなのです。

自然なリリースで打てば方向性が安定する

スウィングではインパクトゾーンで自然なリリースをすることが大事。正しいリリースをしていればフォロースルーでフェースが被ることはない

リストターンをするとフェースもひっくり返る

リストターンは右手がひっくり返ること。意識的に行う動きで、過度なリストターンを行うと、フェースも急激に返るので方向性が安定しなくなる

ハンドファーストは大事だが左手の出し過ぎには注意

手元はヘッドよりも少し前に出ていればOK

極端に手元を前に出す必要なし。左手首が真っ直ぐ伸びていれば、手元はヘッドよりも少し前に出ている程度でいい

手が出過ぎるとフェースが開く

インパクトでボールをハンドファーストで捉えることは大事です。しかしそれを意識するあまり、手元を飛球線方向に出し過ぎている人がいますが、そうするとフェースが開き右に飛び出してしまいます。また、手を前に出そうと身体が突っ込む人もいますが、これもNGです。

ドライバーでは手元がヘッドよりも少し前に出る程度。このとき左手首がフラットになっているのが大事なポイントです。

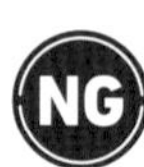

NG 手元だけ前に出すとフェースが開く

手元を前に出せばいいと思っている人もいるが、そうするとフェースが開いた状態で当たる

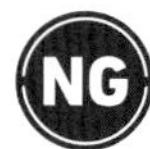

NG 手を出そうとして身体が突っ込む

身体が突っ込んだハンドファーストだと、ヘッドが上から下りて来るのでダフりやすい

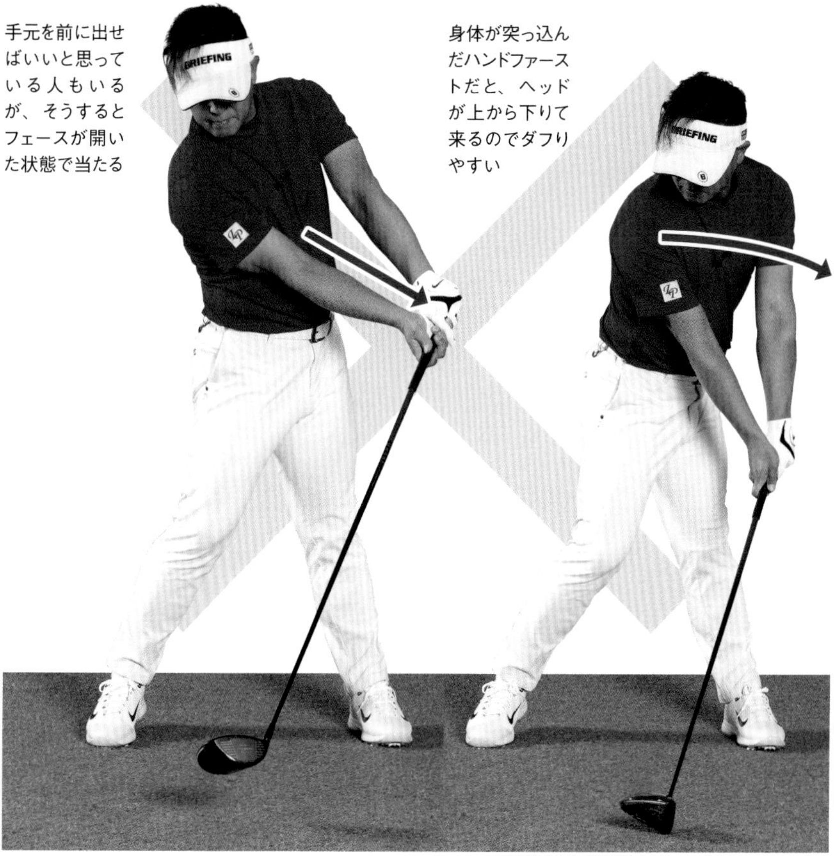

POINT

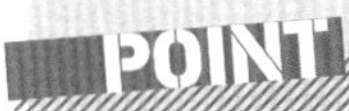

左手首の背屈はNG フラットか掌屈で

左手首の背屈は、すくい打ちの原因に。フラットか掌屈気味で。特にフェースが開き気味の人は掌屈を意識

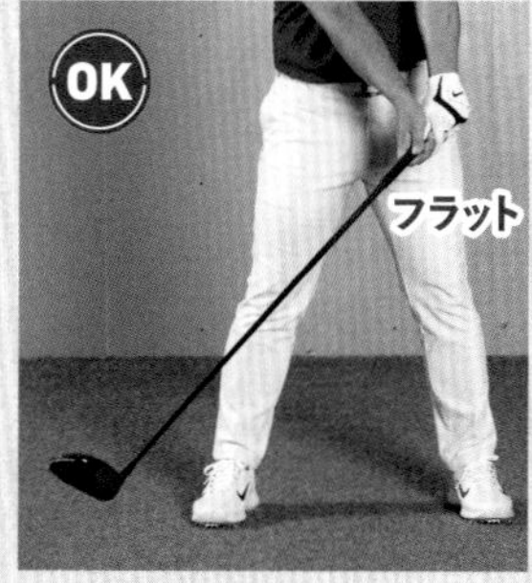

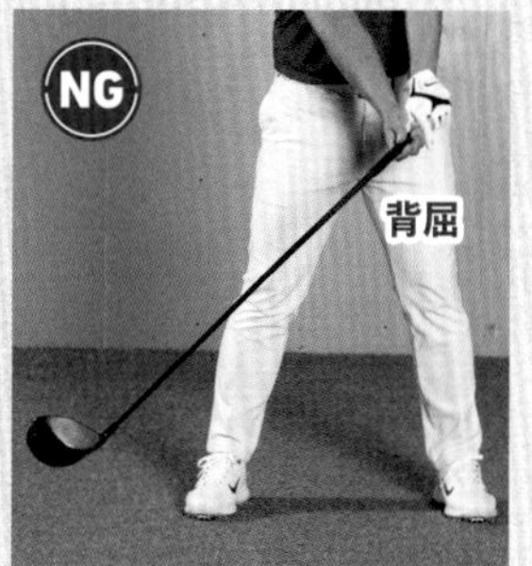

LPスウィングの概要

左腰(LP)を正しく動かす それがスウィングの極意

フォロースルーでも腰がボール方向に出ない。この動きができれば、再現性の高いスウィングが実現する

プロは左腰が流れない

〝LPスウィング〟が、今や私の代名詞にもなっていますが、これは特に難しいことをいっているわけではありません。

なぜ、アマチュアがプロのようにスウィングできないのか。そのことを研究していて気づいたのが、アマチュアは左骨盤を正しく使えていないということでした。そこで、この動きを修正するための、LP（LEFT PELVIS＝左骨盤）スウィングを提唱したのです。

ポイントは、左骨盤をいかに正しく動かしスウィングするかということ。ぜひ皆さんも、LPを意識して再現性の高いスウィングを手に入れてください。

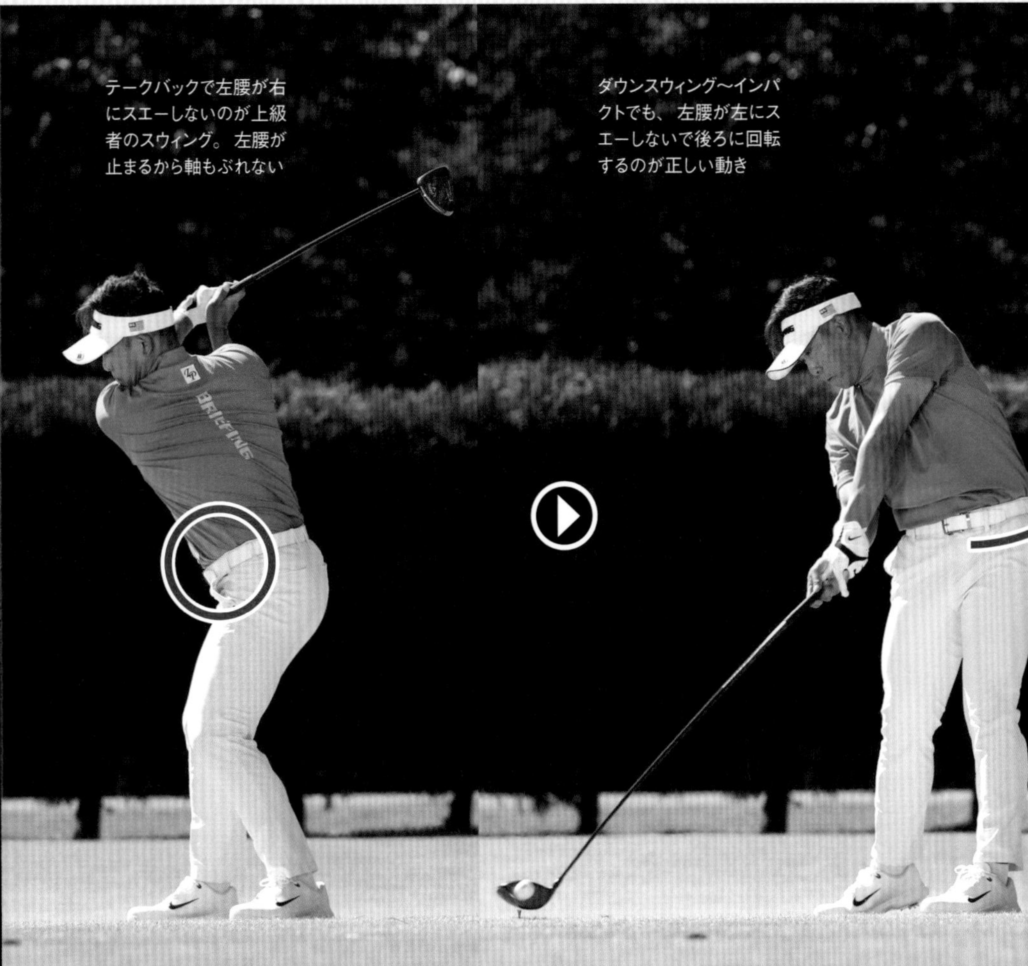

テークバックで左腰が右にスエーしないのが上級者のスウィング。左腰が止まるから軸もぶれない

ダウンスウィング〜インパクトでも、左腰が左にスエーしないで後ろに回転するのが正しい動き

構えたあと左腰を少し左にずらすのがコツ

左腰を左にずらして背骨を右に少し傾ける

右足6対左足4の右足体重で構えあと、左腰を少し左にずらすのがLPスウィングのアドレス。頭の位置はスタンスの真ん中

背骨は右に10～15度傾ける

アドレスのポイントは、やや右足体重で構えることと、構えたあと、左腰を少しだけ左にずらすことです。そうすると、背骨が10～15度ぐらい右に傾き、右肩も下がりますが、これでOK。きれいなアッパー軌道になり、球も上がってくれます。

ゴルファーの中には構えたとき、上体がボールの方に突っ込むような形になっていたり、ハンドレイト気味になっている人がいるので注意してください。

NG ハンドレイトになると球を強く叩けない

ボールを上げようという意識が強く、身体が右に傾きすぎてハンドレイト気味になるのもNG

NG 上体がボールに対して突っ込んだ形になる

体重が右足にかかっていても、上体が突っ込むのはNG。これではアッパーで打てない

POINT

最近のドライバーには左手ストロングが合う

グリップは自由で構わないが、理想は左手ストロング（拳が3つ見える程度）、右手は少し下から握る

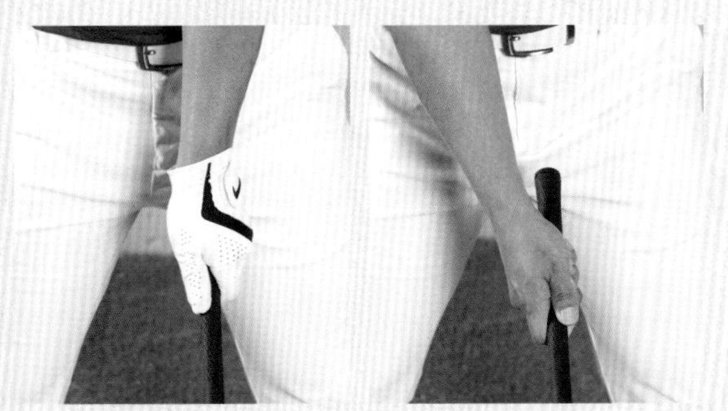

ワイドなテークバックをイメージ

LPスウィング
テークバック

できるだけその場を動かず 右肩、右腰を回していく

腰はできるだけアドレスの形をキープすることが大事。クラブをヒョイと上げないで、ヘッドを遠くに動かすように始動

腰が右にずれないように

テークバックでは、できるだけその場にとどまるような感じで、右肩、右腰を回していきましょう。重要なのは、スエーしないこと。ゴルファーの中には、クラブを動かすと同時に腰が右に動いてしまい、その状態からコックを入れて手だけで上げていく人がいますが、このような動きになってしまうとヘッドが元に戻ってきません。

スエーを抑えて、ワイドなテークバックを心がてください。

腰が右にずれないようにしながら、右肩と右腰を回していく。左腰がアドレスのときと同じ位置にあるのがポイント

腰が流れての手上げだと最初から軌道がずれる

腰が右に流れて、クラブを手で上げているNGスウィング。アマチュアにはこういうテークバックをしている人が多い

切り返しで大事なのは左足をしっかり踏むこと

トップからはしっかり左足を踏み込んでからダウンスウィングに入る。そうすれば捻転差が保たれ、入射角も緩やかになる

左足を踏み込まないとダウンスウィングでは…

いきなり上体が解ける

回転せずに上体が突っ込む

右肩が下がってしまう

切り返しでコックが解ける

踏み込めば左スエーも防げる

トップからの切り返しでは、まず左足を踏むというのが重要なポイントになります。この動きがないと、ダウンスウィングで上体がいきなり開いたり、上体が突っ込んだり、右肩が下がったり、手元が解けるなどいろいろなミスが出てしまいます。

一方、切り返しで左足を踏めば、前傾が保たれるし、クラブが遠くから下りてくるので、インパクトゾーンでの入射角が緩やかになります。

左足を踏めばダウンで捻転差がキープできる

POINT

左足が踏み込める体勢を作ることも大事

トップでクラブが飛球線と平行か、外側を向いていれば踏み込める。ヘッドが内側に入ると踏み込めない

早いリリースや伸び上がりは大きな飛距離ロスにつながる

インパクト前にリリースしてしまうと、ボールに力が伝わらず、飛距離が伸びない

前傾が崩れて身体が伸び上がるのもアマチュアゴルファーによく見られるミスの形

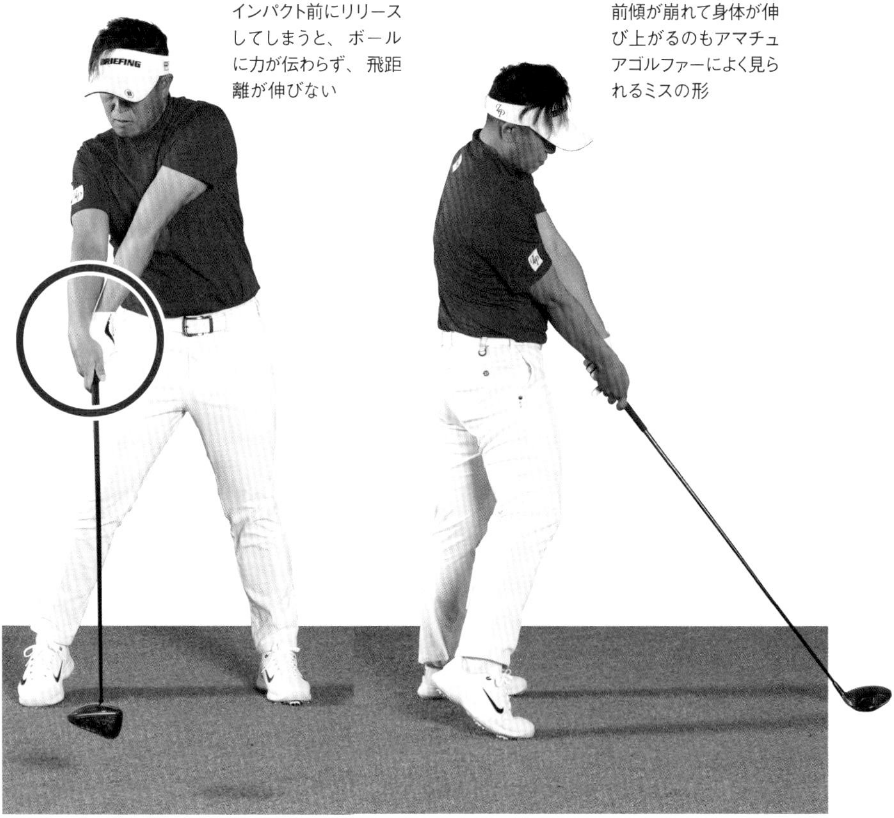

後方から見て左のお尻が見えていたらOK

左腰が左に流れずしっかり回転している

左腰の位置が左に流れておらず、ハンドファーストでボールを捉えるのが正しい形

左腰がしっかりターンしていれば、インパクトのとき、後方から左のお尻が見える

左腰のターンがカギ

「インパクトは通過点」といわれるように、「どういう形にしよう」という意識は必要ありませんが、「この形になっていたらOK」「この形になるのはNG」というポイントがありますのでご紹介しておきましょう。

まず、左腰がきれいにターンして、前傾が崩れておらず、後方から見て左のお尻が見えているというのが理想の形です。インパクトの瞬間、右ヒジが少し曲がった状態になっているというのも重要になります。

それに対し上体が突っ込んでいたり、体重が後ろに残っていたり、前傾が崩れて身体が伸び上がっているのはNGです。

NG 右サイドが残り左ヒジが引ける

当てにいくようなスウィングをすると右サイドが後ろに残り、左ヒジが引けたフォローになる

NG 体重が右足に残って身体がのけ反る

"明治の大砲"ともいわれるフィニッシュ。球が上がり過ぎるし、エネルギーも伝わらない

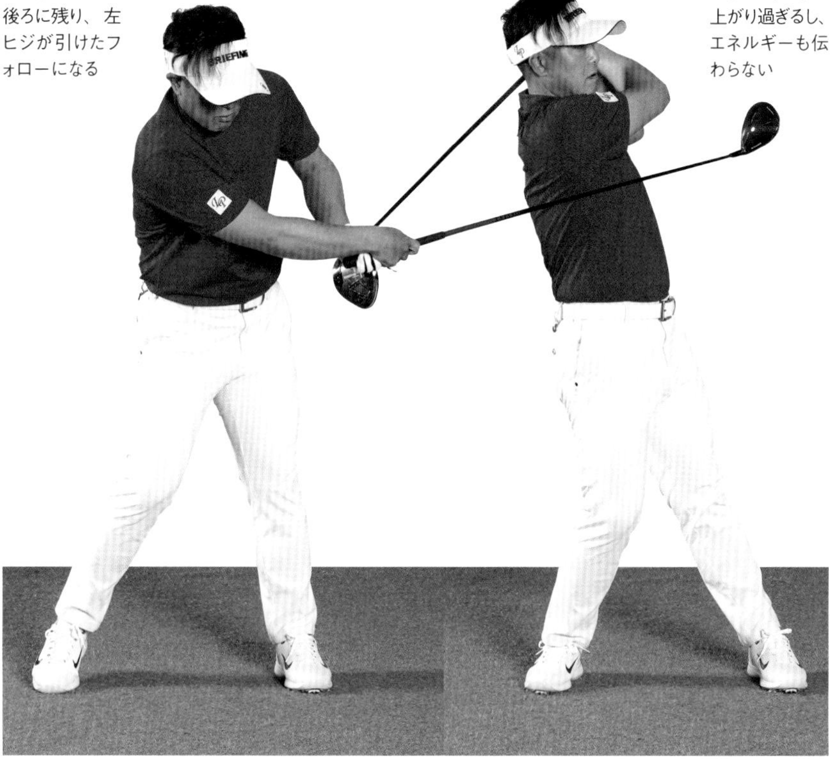

右サイドを前に出し最後は左足の上に頭と右腰を乗せる

右サイドを前に出し最後は左足に乗り切る

フォローでは右サイドを前に出し身体とクラブが引っ張り合う形に。また、最後は左足の上に頭と右腰を乗せるのが理想

身体とクラブが引っ張り合う

フォロースルーからフィニッシュも自分で作りにいくものではなく、答え合わせ的な動きになりますが、理想の形があるので紹介します。

フォロースルーは、右サイドがしっかり前に出て、身体とクラブが引っ張り合っている状態にするのが理想です。一方、NGは、右サイドが右に残り、左ヒジが後ろに引けたような形になることです。

また、フィニッシュに関しては、左足の上に頭も右腰も乗っている形になるのが理想です。左足に体重が乗り切らず、後ろにのけ反ったような状態にならないように注意してください。

LPスウィング連続写真・正面

大事なのは左腰のずらしと切り返しでの踏み込み

3 肩を回すのではなく、肩をタテ回転させてトップまで上げていく

4 トップのときも腰の位置が右にずれず、腰と肩がその場で回転

7 フォローでは右サイドが前に出て、身体とクラブが引っ張り合う形に

8 フィニッシュでは完全に左足に体重を乗せ、左足の上に頭と右腰が乗っている状態にする

左腰の動きを管理するLPスウィング。テークバックで腰が右に流れないように、左腰を少し左にずらして構える。また、ダウンで左に流れないように、切り返しで左足を踏み込むことが大事だ。

LPスウィング連続写真・後方

トップではバックルが見え
フォローでは左お尻が見える

3
無理に肩を回そうとしないようにすること。腰が回れば肩も回っていく

4
トップではクラブが飛球線と平行か少し外側を向いているのが理想

7
インパクトでは腰がターンし、左のお尻が後方から見えるのが正しい形

8
フィニッシュでは右足がツマ先立ちになり、体重が左足に乗り切る

テークバックでは右腰をターン、ダウンからフォロースルーでは左腰をターン。この2つのターンができれば、腰が流れることがなくなるので、クラブがオンプレーンに乗って方向性が安定する。

1 軽い前傾姿勢で、下半身をどっしりとさせる。両腕はしっかり伸ばす

2 腰のスエーに注意しながら、右肩と右腰を回してクラブを上げていく

5 左腕が地面と平行になった辺りで、腰はほぼ正面に戻っている

6 フェースを閉じた状態で下ろすことによって、手の操作が必要なくなる

COLUMN 2

朝イチのティーショットを成功させる

当たりやすくなる準備をあらかじめしておこう

ティーショットの中で、最も緊張するのが朝イチのティーショット。特にコンペなどで大勢の人に見られる場合、心臓がバクバクになることもあるのではないでしょうか。

そんな朝イチショットを成功させるためにはどうすればいいか。

大事なのは、「いいところを見せよう」としないことです。プロでも朝イチは、「ギャラリーを驚かせよう」などとは考えず、「ボールがフェアウェイにいてくれればいい」と考え、そのための準備をして構えます。

その準備とは、クラブを短く持つ、ティーアップを高くする、スタンス幅を少し狭めにする、など。安心して構えられ、しかも当たりやすくなるという状況をアドレスの段階で作っておけばいいのです。

また、スウィングに関しても、マン振りをせず、とりあえず前に飛べばいいという振り方をしましょう。

具体的には、テークバックを小さくして、最後まで振り切るように。多くのゴルファーは飛ばそうとすると、スウィングの割合がテークバック「7」、ダウンスウィング～フィニッシュ「3」という感じになってしまいますが、テークバック「1」、ダウンスウィング～フィニッシュ「9」のイメージで。そうすれば間違いなく当たるし、芯に当たる確率も高くなって思った以上に飛距離が出るはずです。

Driver

3 プラス30ヤード！ 驚異の飛びを実現する

左腰の使い方

切り返しのスタートで左腕は胸から切り離す

ダウンで左ワキは開いた状態に

ダウンスウィングのスタートでは、左ワキを締めずに手は真下に下ろすイメージ。そうすることによってタメが生まれる

左ワキは自然と締まる

ダウンスウィング〜インパクトでヘッドスピードを上げるためには、切り返しで左腕を身体から離す動きが必要です。

ゴルファーの中には、身体をしっかり回すために、左腕を胸に付けたまま回転しなければいけないと思っている人が多いようですが、これではヘッドスピードが上がりません。左への回転が始まると自然と左ワキは締まってくるので、自分で締めようとしないことが大事です。

左腕を胸から離すことで手は下に落ちる

切り返しで左腕が左胸から離れることによって、 手が真下に落ちる。 この動きがなければヘッドスピードは上がらない

左ワキが締まるとタメが生まれない

左ワキを締めたまま身体を回していくと、 身体が早く開いてしまう。 その結果、 飛距離アップに必要なタメが生まれない

タメの作り方

ダウンスウィングでは右手首の付け根から下ろす

クラブはワイドに上げる

タメを作るためにポイントになるのが、右手首の動きです。正しい動きからいうと、ダウンでは手首を甲側に折った状態にして手首の付け根から下ろし、インパクトの直前でそれを元に戻します。そうすればヘッドスピードが上がります。

この動きを実現するには、テークバックでクラブをワイドに上げることが大事。そうすることで、右手首の折れがトップで最大になり、ダウンではその角度をキープできます。それに対し、テークバックで早めに右手首を曲げてしまうと、解けるのも早くなってしまいます。まずはハーフスウィングでこの動きを確認しましょう。

OK 右手首から下ろせばヘッドは加速する

NG 手首が早く解けるとヘッドが走らない

NG 三角形の底辺が短いとスピードは上がらない

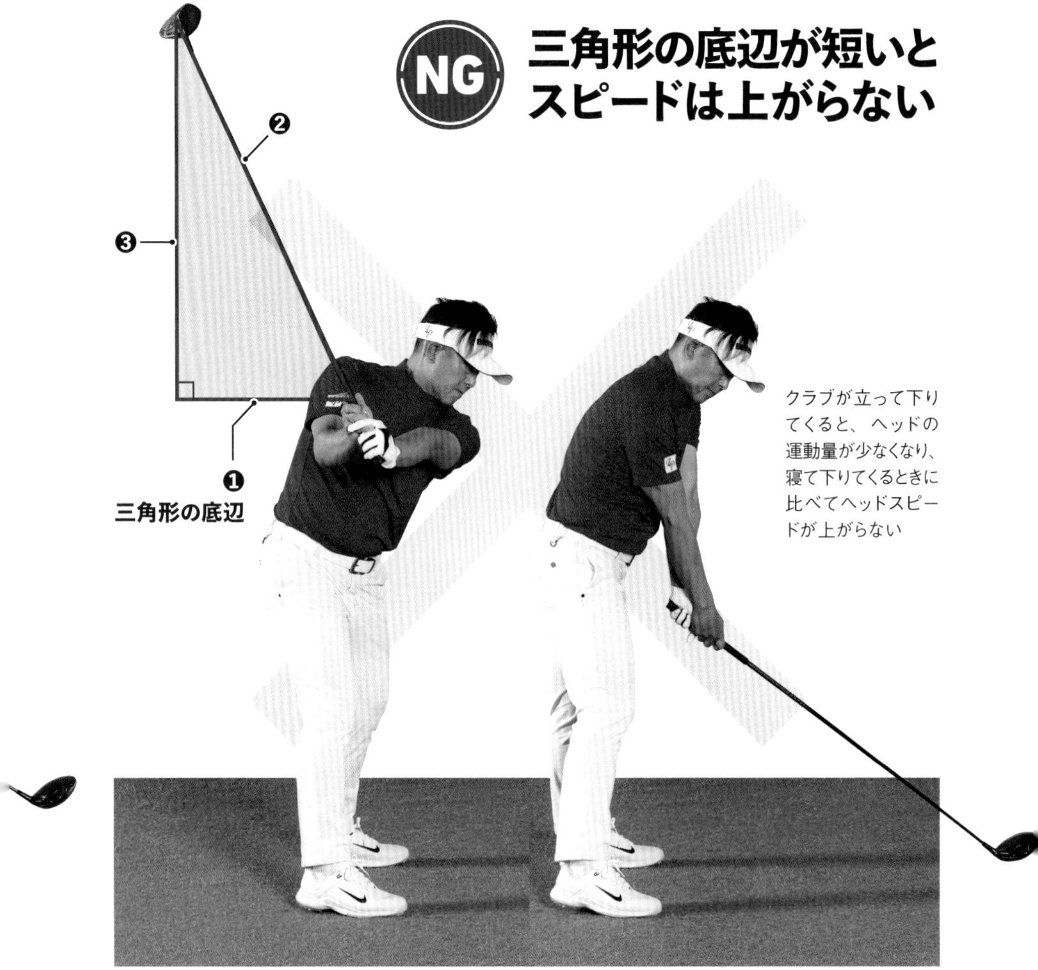

❷

❸

❶
三角形の底辺

クラブが立って下りてくると、ヘッドの運動量が少なくなり、寝て下りてくるときに比べてヘッドスピードが上がらない

クラブを寝かせることによってスピードが上がる

OK 寝かせれば寝かせるほどヘッドの運動量が増える

三角形の底辺が長くなることによって、ヘッドの運動量が増える。その結果、ヘッドのスピードもアップする

できるだけ寝かせるのが正解

切り返しで、クラブは寝かせろといわれますが、その理由をご存じですか？ 答えは、クラブを寝かせた方が、手元の運動量は同じでも、ヘッドが動く量が多くなり、その分、ヘッドスピードが上がるからです。

では、どれだけ寝かせればいいのか。物理的には、手元から地面と平行に伸ばした線❶とクラブ❷、それとヘッドから下ろした垂線❸とでできる三角形（各写真参照）の底辺の長さ❶が長いほど運動量が多くなります。つまり、クラブが寝れば寝るほどヘッドスピードが上がるということ。飛ばしたいなら寝かせた方がいいのです。

勢いを付けてクラブを振り上げ左足を強く踏み込むことを覚える

ヒールアップして勢いよくクラブを振り上げる

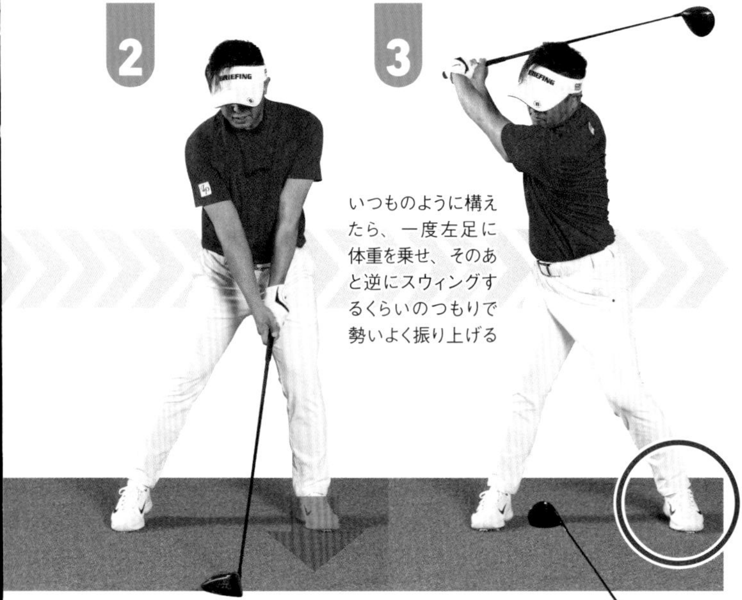

2

3

いつものように構えたら、一度左足に体重を乗せ、そのあと逆にスウィングするくらいのつもりで勢いよく振り上げる

5

6

腰を揺さぶってスウィング

飛ばすためには、〝地面反力〟を使った方がいいということが分かっていても、そのやり方がよく分からない。そういう人は、次の動きをやってみてください。

構えた状態から一度体重を左に乗せて、そこから勢いを付けてテークバック。クラブをトップまで上げたら、動きを止めないで思い切り左足を踏み込む。

このように足踏みと腰の揺さぶりを使って、まずは左足を強く踏み込む動きを覚えてください。

左足の強い踏み込みが地面反力を生む

1

4

トップでしっかり右足に体重を乗せたら流れを止めずに左足を強く踏み、地面を蹴って左ヒザを伸ばしながら身体を回す

上体で地面に圧をかけながら両足で地面を蹴り上げる

上体は地面方向に、下半身は上にベクトルが向かうのが飛距離アップのポイント。難しい動きになるが、これを覚えれば確実に飛距離が伸びる

身体を上下に使う

地面反力の続きです。左足を強く踏むことを覚えたら、左足を踏みながら、上体も地面方向に圧力をかけるつもりでグッと沈めてください。そして、上体で圧をかけながら、両足を蹴り上げます。上体は下へ、下半身はいったん沈んだあと、地面反力で上方向にエネルギーを出すというのが正しい動きです。

タイミングを取るのが難しいですが、ゆっくりでいいので、身体の使い方を覚えましょう。

胸を下に向けながら足を伸ばす

POINT

左足を踏むと同時に上体も強く沈める

上体を沈めることによって、左足を踏む力も強くなる。まずは上体をグッと沈める動きを覚えよう

世界の飛ばし屋が実践する右軸打法

左足の使い方

世界の飛ばし屋が実際にやっている打法。左足を引いて右軸で回転することで、手元を支点としたてこの原理が働き、ヘッドスピードがアップする

飛ばし屋の多くはダウン～インパクトで左足を引く

テコの原理でヘッドが走る

世界の飛ばし屋といわれる人が実践している打ち方に、〝右軸打法〟があります。切り返しで左足を踏むところまでは通常の打ち方と同じですが、地面反力で下半身が上に向かうタイミングで軸を右足に置き換え、左足を引いて打つ方法です。

左足を引くことで、テコの原理が働きヘッドスピードがアップ。これも慣れるのには時間がかかりますが、ものにすれば確実に飛距離は伸びます。

左足を引いて身体もしっかり開く

左足を引くことによって、クラブが振り抜きやすくなるし、ヘッドスピードもアップする。また、ヘッドもインパクトの位置に戻ってきやすい

左足が軸の回転だと飛距離は伸びない

多くのゴルファーがやっている、左足を軸にしたスウィング。打ち方として大きく間違っているわけではないが、大きな飛距離は望めない

手とクラブの使い方

インパクト後にリリースするのが飛びにつながるクラブの使い方

グリップの下を持って素振り。グリップエンドが身体に当たらないように身体を回してヘッドを戻せば、タメが生まれ、ヘッドスピードもアップする

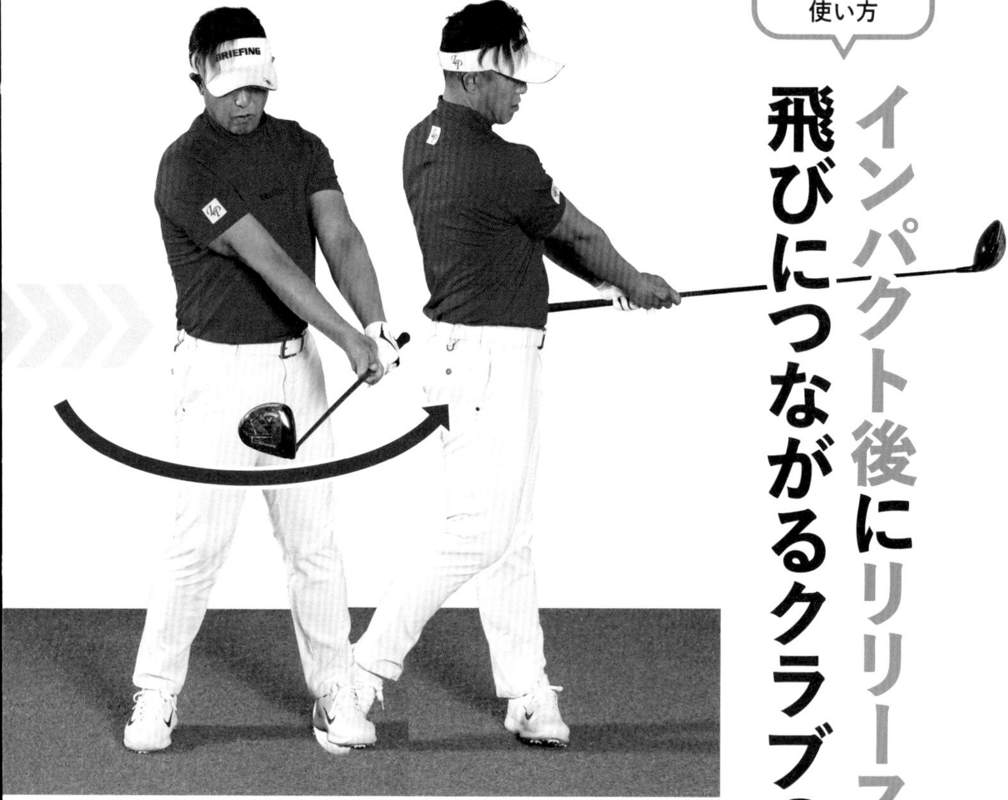

リストターンは必要なし

グリップの少し下を持ち、クラブを正面に上げて振ってみてください。グリップエンドが身体に当たらなければOK。身体に当たるのはNGです。

OKとNGの違いは、OKは手首を返さずにヘッドを戻し、その後にリリースしています。一方、NGは身体を止めて手首を返す動きで球を捉えようとしています。OKの動きになればタメもハンドファーストインパクトもでき飛距離も伸びます。

身体の動きを止めないでクラブを動かし続ける

NG

グリップエンドが身体にぶつかる

グリップエンドが身体に当たるのは、身体を止めてリストターンをしている証拠。このようなスウィングだと飛距離は出ない

右手のひらを下に向けるパームダウンが飛ばしのコツ

パームダウンを意識すればボールがつかまる

切り返しから右手のひらを下に向けるイメージで動かす。実際にクラブを振るとき右手は真下を向かないが、ボールを強く叩けるようになる

右手のひらの向きに注意

飛ばしのコツとして、ハーフウェイダウンの辺りで右手のひらを下に向ける〝パームダウン〟にすることもポイントになります。この時点で右手のひらが下を向いていれば、インパクトで手のひらがターゲットを向いて強く叩けるほか、ロフトが立って下りてくるので、その分、飛距離も伸びます。

それに対し、右手のひらが上を向くと、手元が浮いてすくい打ちになります。

右手のひらを下に向ける意識が必要

NG

右手のひらが上を向いてしまう

ハーフウェイダウンで右手のひらが上を向いていると、手元が浮いてすくい打ちになるほか、フェースも開きやすくなる

胸骨がボールの真上にあると芯に当たる確率は大幅にアップする

胸骨からクラブを垂らしてシャドースウィング。クラブが左右にぶれなければ、胸骨が動いていない証拠。芯に当たる確率も高くなるはずだ

芯に当てれば飛距離も伸びる

飛ばすためには、「芯に当てる」ことも大事なのですが、それを実現するためにやって欲しいのは、胸骨のコントロールです。具体的には、テークバックでもダウンスウィング、フォロースルーでも、胸骨の位置が動かないようにすることです。

胸骨さえ動かなければ、早めにリリースしても大きく芯を外すことはありません。方向性が安定しない人は、胸骨を意識してスウィングしてください。

最も大事なのは胸骨のコントロール

NG

胸骨の動き過ぎが多くのミスの原因に

クラブが左右に大きくぶれる場合は、胸骨が左右に動いているということ。ダフリやトップの原因になるので修正が必要だ

シャフトの
しならせ方

シャフトのしなりも身体を沈めることによって生まれる

しなりを手で作ろうとしてはダメ。切り返しから下半身だけでなく、上体を沈めれば、右手が手のひら側に折れ、しなり戻りが発生する

身体が沈めば右手首も折れる

シャフトがしなる箇所はいくつかありますが、最大のポイントは、ハーフウェイダウン辺りから始まるしなり戻り。そのしなりを発生させるために、クラブを自分の方に引っ張ろうとする人がいますが、それはNG。

実際は、後ろにお尻を突き出して上体を沈み込ませ、それによって右手首が手のひら側に折れることでしなりは発生します。自らクラブを引き込んでしならせるのではないのです。

軟らかい棒※でしなりを体感

※著者監修の練習器具「LPスイング スピードアップスティック」を使用

POINT

クラブはタテに動かすイメージで

多くのゴルファーはクラブを横に動かそうとしますが、タテに動かすのが正解。常にタテを意識しましょう

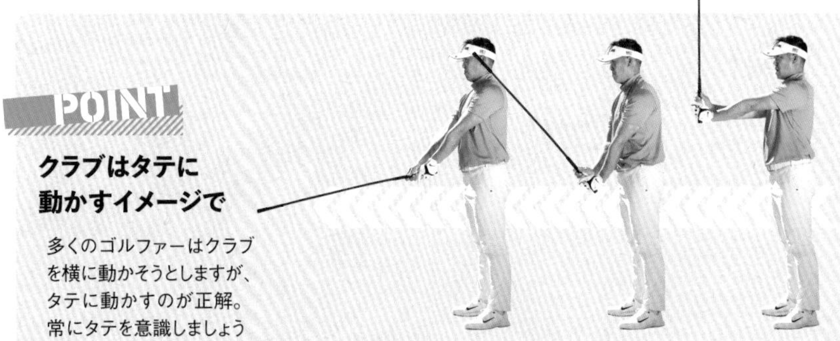

クラブ軌道のコツ

左肩を引っ張り上げるイメージで〝飛び〟のアッパー軌道を作る

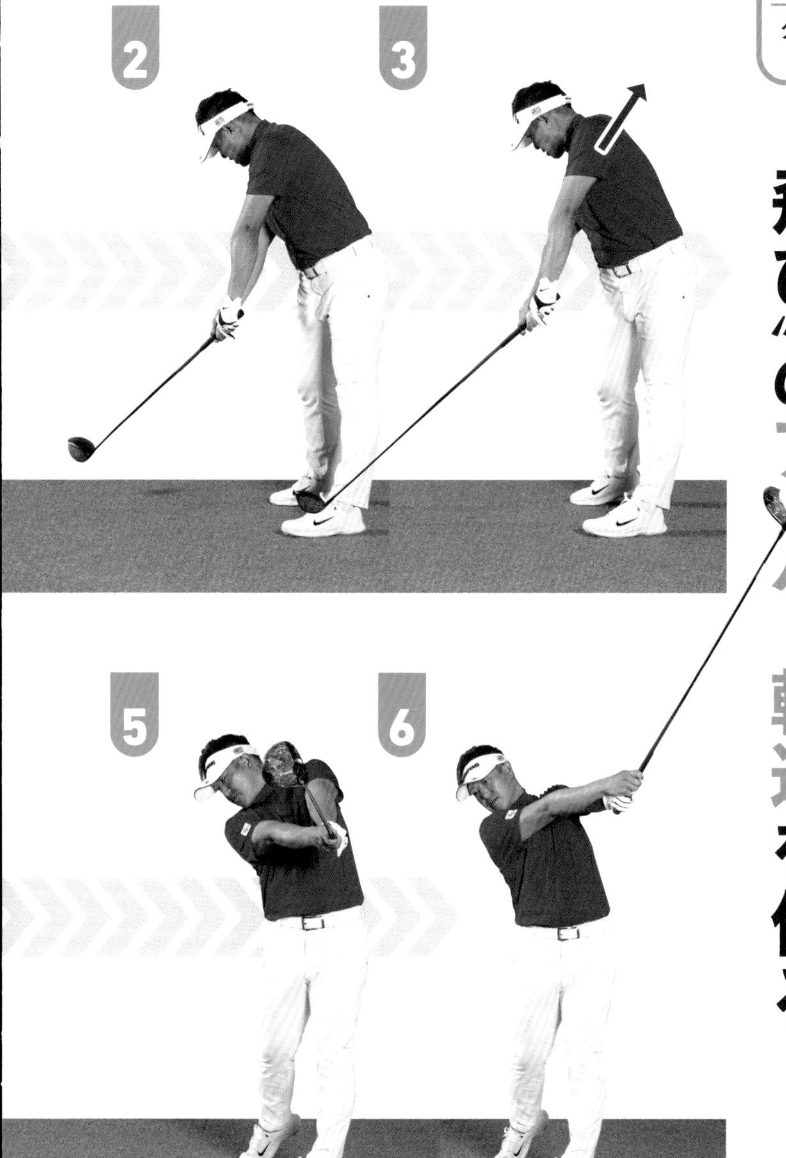

左肩を思い切り
左上に
引き上げる

2

3

5

6

アッパー軌道は左肩のリードで作る

アッパー軌道が飛びの条件

アッパー軌道で打つというのも飛ばしの条件です。そのためには、ハーフウェイダウン辺りから、左サイドを思い切り上に引っ張り上げる意識が必要です。

リードするのは左肩。左肩を引っ張り上げれば手元も前に出て来て、クラブを高い位置に収めることが出来ます。

まずはハーフウェイダウン～フィニッシュまで上げる素振りで正しいアッパー軌道を確認してください。

1

手が右腰に下りて来た辺りから、アッパ軌道を意識。軌道を覚えるために、ここから一気に振り上げる素振りをしよう

4

左肩リードでヘッドを高い位置に上げていく。ボールに当てようとしないで、引っ張り上げることだけを考えよう

COLUMN 3

ドライバーショットを成功させる

持ち球によってティーアップの位置を変える

ドライバーショットを成功させるためには、持ち球によってティーアップの場所を決めることが大事です。

持ち球がドローの場合は、ティーイングエリアの左サイドにティーアップ。なぜなら、右サイドに打ち出す必要のあるドローの場合、右にティーアップすると右サイドの障害物が邪魔になってしまうからです。

そして、スタンスを右に向けて打つわけですが、このとき両ヒジと肩のラインも右に向けること。スタンスは右向きで上体が左を向いていると、逆球になるので注意してください。また、ドローを打ちたいときはティーアップを少し高めにすることも忘れずに。

一方、持ち球がフェードの場合は、右側にティーアップ。そうすれば安心して左に球を出せます。そして、両ヒジ、肩のラインはスタンスと同じ左方向に向けましょう。

それと、フェードの場合は、ボールを中に入れすぎないように。ボールの位置は、左足カカト線上かそれよりも左。そうすることで、スウィング軌道がアウトサイドインになります。

さらに付け加えれば、ドロー、フェードとも打つ前の素振りでイメージをつかむことが大事です。ドローならば右側にクラブを放り出す感じで、フェードならば左下方向に振ることを素振りで意識しておけば、ボールをコントロールしやすくなります。

Driver

4 超簡単！効率的ドライバー練習法

フラットインパクトゾーンドリル

フラットな入射角でボールが打てるようになる

テークバックでは低く真っ直ぐ引く

手はアッパーに動いていく

低く真っ直ぐ引いたら、あとは左肩を引き上げながら身体を回すだけ。手がアッパーに動いて、ボールは真っ直ぐ飛んでいく

低く真っ直ぐ引くを意識

ダウンでクラブを下ろす位置がわかると同時に、インサイドインのシャローな軌道も体感できるドリルです。

いつものように構えたら、テークバックを低く長く、真っ直ぐ引いてからボールを打ちます。テークバックが真っ直ぐ引けていれば、ヘッドが緩やかな軌道で入ってくるので、あとは左肩、左腰を引っ張り上げるだけ。アッパー軌道でボールを真っ直ぐ飛ばすことができます。

一方、ヘッドを内側に引き過ぎたり、外側に上げ過ぎたりすると軌道が狂うので要注意。慣れてきたら、クラブを腰まで上げてボールを打ってみましょう。

NG ヘッドの軌道がずれると正しいインパクトゾーンにならない

フラットな軌道になるのでインパクトゾーンが長くなる

フィッシュテールドリル

右手首の正しい使い方を覚える

魚の尻尾が揺れるようなイメージで、右手首を軟らかく使いながら、水平に持ったクラブを動かす。この動きで右手首の使い方を覚える

クラブを持ってダウンスウィング。切り返し〜ハーフウェイダウンでは右手首を上下に使いながら下ろす。このときも右手首は軟らかく使う

右手首は軟らかく使う

シャフトをしならせてボールを飛ばすためには、右手首を軟らかく使うことが大事です。その動きを覚えることができるのがこのドリルです。

〝フィッシュテール〟という名前の通り、魚の尻尾のように右手首を軟らかく動かします。

右手首の動きを覚えたら、クラブを水平に持って、タメを感じながら身体の前でヘッドを揺らしてください。

最後に、右手首の動きを意識しながらスウィング。切り返しからダウンスウィングでは、右手のひらを下に向け、右手首を上下に軟らかく使いながらクラブを振り下ろしましょう。

クラブを水平の高さまで上げ、右手首の動きでゆっくり揺らす

切り返し〜ダウンスウィングで右手首を上下に使う

DRILL 3

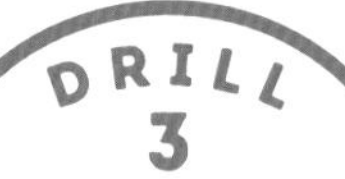

左手1本右足後ろドリル

ダウンスウィングでの肩の傾きを覚える

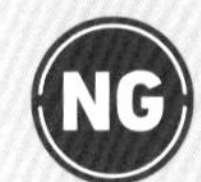

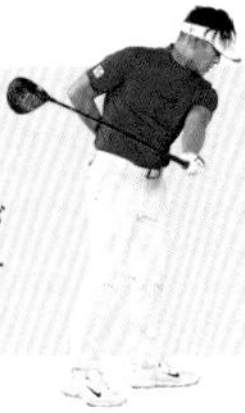

NG

トップでフェースが上を向かないように

肩のアングルをキープすることも大事だが、トップでフェースが開かないようにするのもポイント。しっかり閉じた状態で落とす

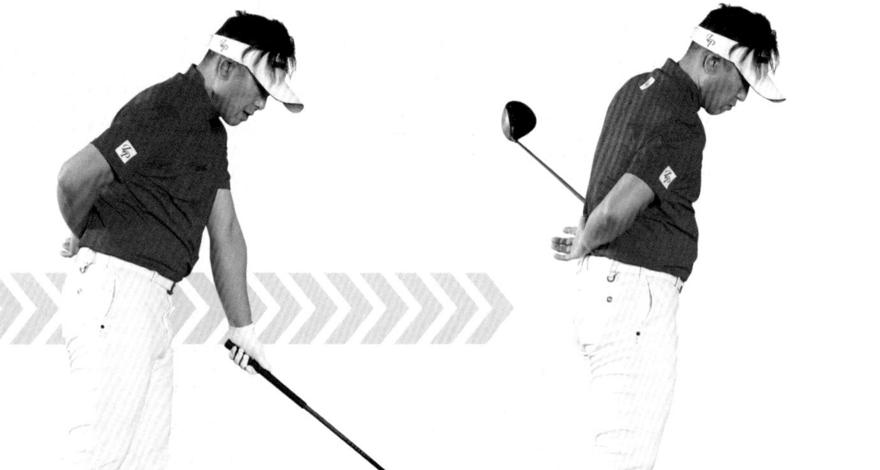

身体が開く人にも効果あり

肩の前への傾き（アングル）をキープしたまま打つことを覚えるドリルです。

左手1本でクラブを持ち、右足を後ろに引いて構えます。そして、フェースが開かないようにして手元を右腰辺りのところまで上げ、そのままストンとヘッドを落とします。

普段すくい打ちになっている人は、違和感を覚えると思いますが、これが正しい形。このあと、アッパーで振ることになりますが、まずはダウンでの肩の傾きを覚えてください。ダウンで上体が開いてしまう人にも有効。開いてコスリ球が出る人にはオススメです。

肩のアングルをキープしながらスウィング

POINT

低い球でいいので真っすぐ打ち出す

ヘッドをストンと落とし、ボールが真っ直ぐ飛び出していけば肩のアングルがキープできている証拠。フェースの開きも意識するように

手元が右腰のところまで上がったら、ヘッドを落とす。この形だとクラブを引きつけることができないので、ヘッドも真横から下りてくる

マキロイドリル

シャフトクロスが修正できるマキロイ御用達ドリル

POINT

手の力は下方向に使う

胸を右に向けたまま、手だけでクラブを真下に振り下ろす。そうすれば多くのミスの原因となる、クラブを引っ張ることがなくなる

マキロイがいつもやっているのが、このドリル。トップで右ヒジが背面にずれて、シャフトクロス気味になるスウィングが修正できる

身体の運動量が分かる

このドリルで体感して欲しいのは、切り返しからハーフウェイダウンまでの身体の運動量は、意外と少ないということ。また、手の力は下方向に使うのが正しいということも覚えられます。

クラブはスプリットハンドで握り、地面と平行のところからトップまでの間を上げ下げします。トップはレイドオフにするのがポイントで、トップから手を真下に引っ張り下ろす感じ。身体は開かず、手だけで引っ張り下ろします。

トップでシャフトクロスになりやすいローリー・マキロイがいつもやっているこのドリル。同じクセがある人はぜひ。

切り返し～ダウンの手とクラブの使い方を覚える

普通のグリップで持つとヘッドの重みで身体が起き上がるので、スプリットハンドで行う

スパイダーマンドリル

シャローなスウィングを身に付ける

右腕を伸ばした時点で動きがワイドになり、手が身体の方に近寄って来なくなる。あとは左腰を回せばインパクトの場所に手が下りる

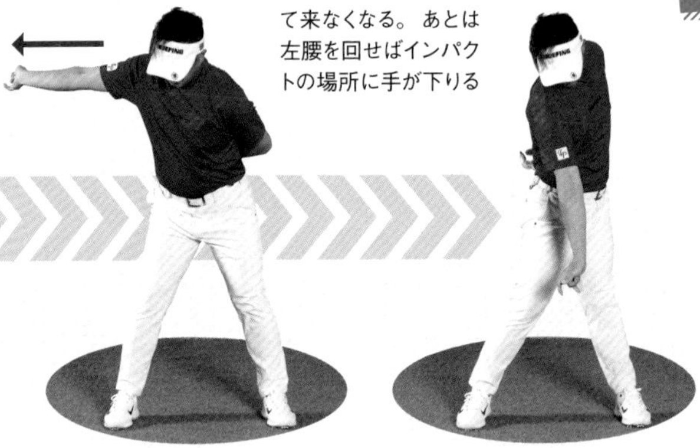

POINT

手首の付け根を外に向かって押し続ける

切り返し以降も、右手首の付け根を外に向かって押し続けるイメージで手を下ろす。この動きができれば、シャローなスウィングが実現する

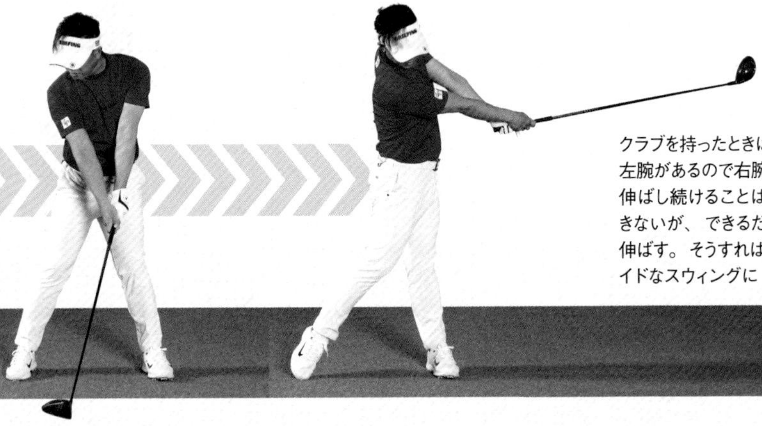

クラブを持ったときは、左腕があるので右腕を伸ばし続けることはできないが、できるだけ伸ばす。そうすればワイドなスウィングに

右手を伸ばせばミスが減る

アマチュアがミスを犯すのは、切り返し後、右腕を身体の近くに引っ張るから。右腕に外向きの力がかかっていれば、身体も開かないし、クラブが立って下りることもありません。

その動きを実現するためにやるのがこれ。スパイダーマンのように切り返しで右腕を右肩の延長線上に出すだけ。そうすれば、最初の時点でワイドな形になるので、手はずっとワイドなまま下ろすことが出来ます。

動きを確認したら、クラブを持って右腕を伸ばしましょう。トップでシャフトがクロスしている人でも、右腕を伸ばせばシャローなスウィングになります。

右腕を右肩の延長線上に突き出す

右腕を右肩の延長線上にグイッと突き出す。手首の付け根を押すような感じで出していくといい

まずは右手で動きを覚える

クラブを持ったときもできるだけ右腕を伸ばす

右手パードリル

インパクトでの“悪い”リストターンを修正

無理矢理リストを返さない

右手をパーにしていると、基本的にリストターンができないが、いつものクセで返す人も。この動きになるとボールが打てない

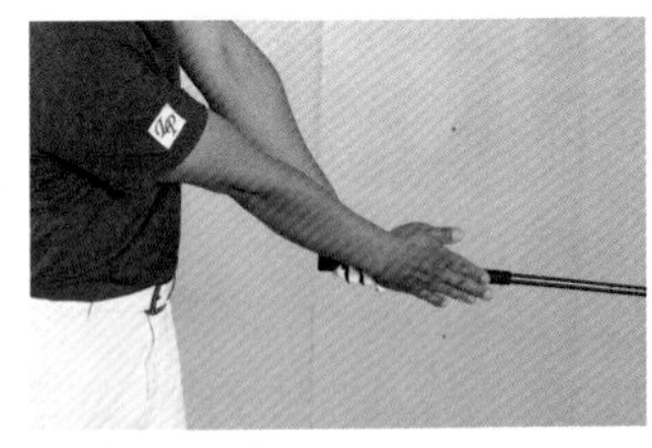

このドリルをやれば、リリースも自然な形で出来るようになる

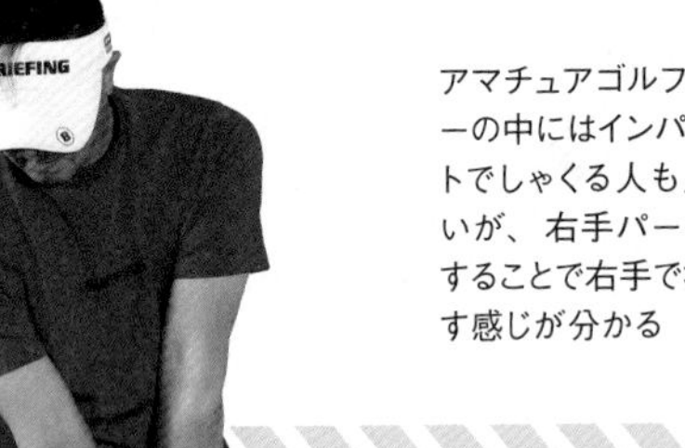

アマチュアゴルファーの中にはインパクトでしゃくる人も多いが、右手パーにすることで右手で押す感じが分かる

球を押すスウィングが身に付く

リストターンをするクセが付いてしまっている人のスウィングを修正するドリルです。

クラブを握ったら右手をパーにして、テークバック。右腰まで上げたら、右手パーのままボールを打ちます。

リストを返している人は、テークバックで右手のひらが上を向き、インパクト以降は下を向きますが、この動きではボールを打てないので、自然とリストターンを抑えるようになります。

ポイントは、テークバックの際、右手のひらを下に向けること。実際は斜め45度くらいになりますが、意識としては下に向けてスウィングしましょう。

正しい動きなら右手パーでもボールが打てる

普通にグリップして、左グリップはそのままで右手だけをパーにする

右手パーのままテークバック。イメージとしては右手のひらを下に向けておく。実際は斜め45度に傾いてもOK

DRILL 7

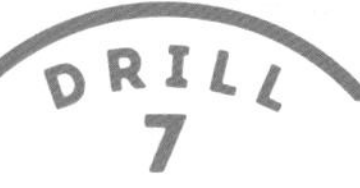

ヒールアップドリル

クラブの正しい軌道が自然と身に付く

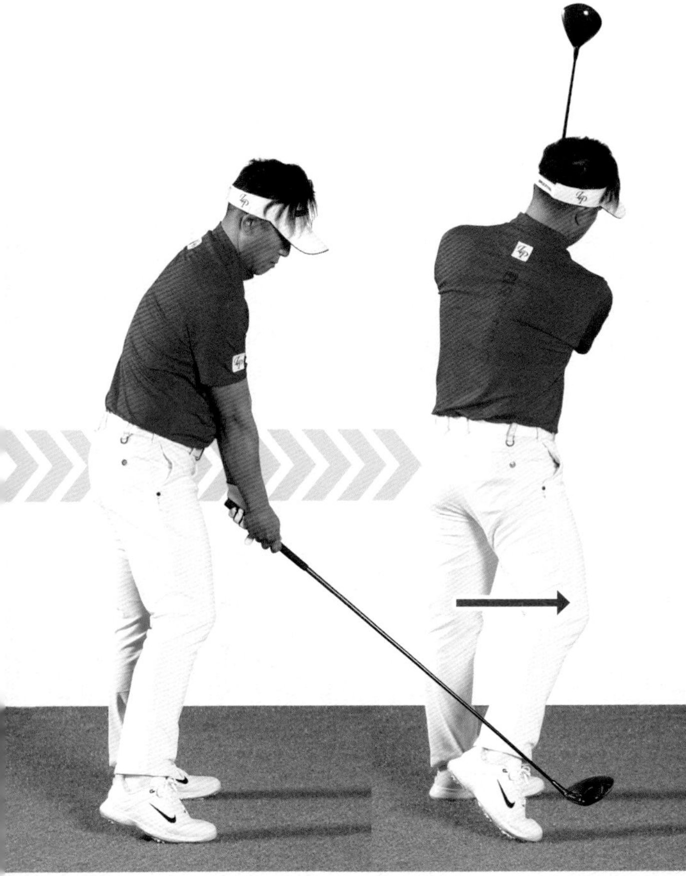

POINT

ヒザ入れ替え 連続素振りもオススメ

足踏みをするように連続素振りをするのも効果的。ヒザを入れ替えていれば、常にクラブが同じ所を通るのが分かる

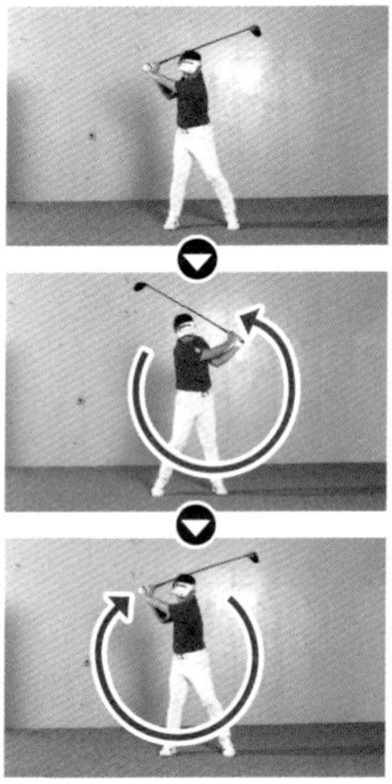

歩くような感じでスウィング

ヒザの動きを覚えるドリル。いつものように構え、テークバックのときは左足をヒールアップして、左ヒザを上げます。そして、ダウンスウィングからインパクトでは、右カカトを上げて右ヒザを前に出す。この動きでボールを打ちます。

滑稽な動きになりますが、やってみると思った以上にボールが真っ直ぐ飛びます。その理由は、身体の余計な動きが排除され、クラブが正しい軌道を動くからです。

トップはコンパクト（左腕が地面と平行）で構わないので、歩くような感じでリズミカルに振ってみましょう。

テークバックとインパクトでヒザを入れ替える

クラブを上げるときは左足カカトを上げて左ヒザを前に出し、インパクトでは、右足カカトを上げて右ヒザを前に出す

DRILL 8

シェフラードリル

シェフラーばりのドローボールが手に入る

POINT

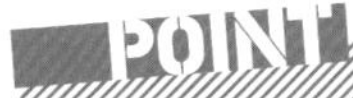

インパクトは思ったよりもきれいな形に

変則的なスウィングをしているように感じるが、正面から見るときれいなインパクトになり、球も真っ直ぐ飛ぶ

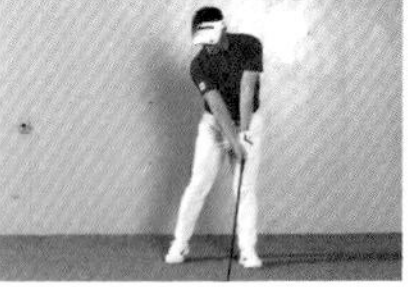

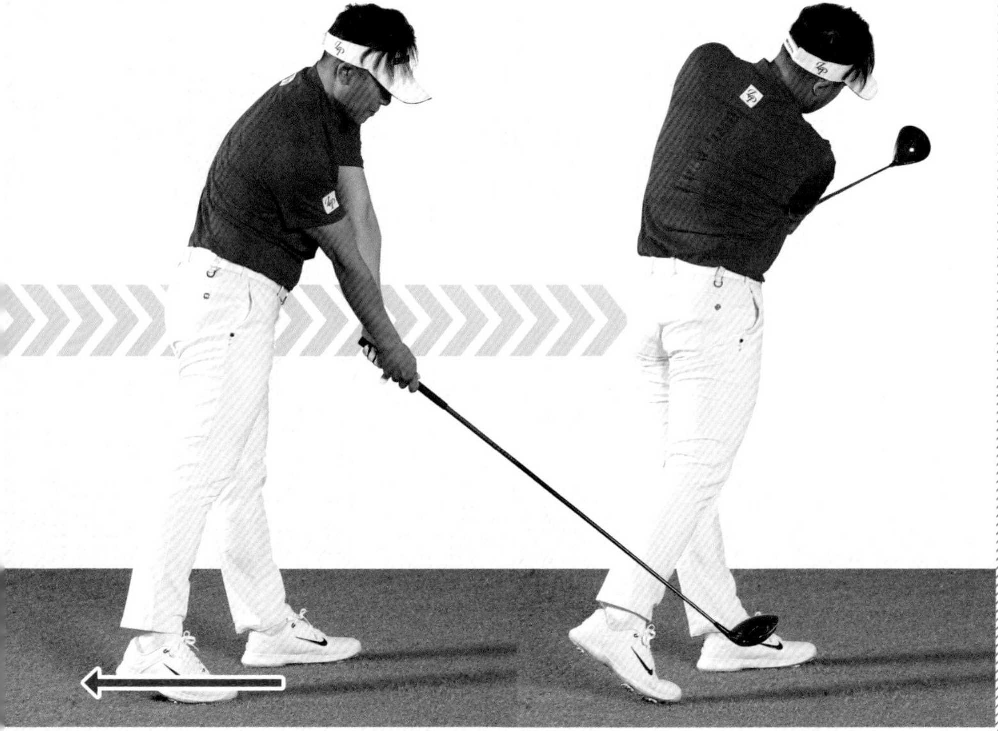

右足を引けば球がつかまる

ボールが自然とつかまるようになるドリルです。

いつものようにクラブを上げ、切り返したあと右足を後ろに引きながらボールを打ちます。

ゴルファーの中には、ダウンで右肩が下がったり、右サイドが出てしまう人が多いのですが、右足を引きながら打つと、そういう動きができなくなります。

また、胸の前にスペースができるので、クラブは真後ろかインサイドから下ろすことができます。つまり、カット軌道が修正できるというわけです。

スライスで悩んでいる人や、フックやドローが打てない人はぜひ試してみてください。

PGAツアーでもスコッティ・シェフラーのスウィングは注目を集める

切り返し後、右足を引きずるように後ろに下げる。そうすれば胸の前にスペースができ、クラブをインサイドから下ろしやすくなる

DRILL 9

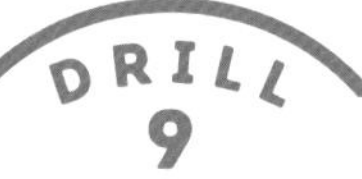

デシャンボードリル

デシャンボーの圧倒的な飛びが実現

POINT

寝かしたクラブを真下に落とす

クラブを寝かしたら、 あとはストンと落とすだけ。 これでインサイドアウト&アッパー軌道の準備完了

「寝かす」「手を落とす」「足を引きながら回転する」という動きで“飛び”のドローを実現。 まずは「寝かす」「落とす」 を覚えよう

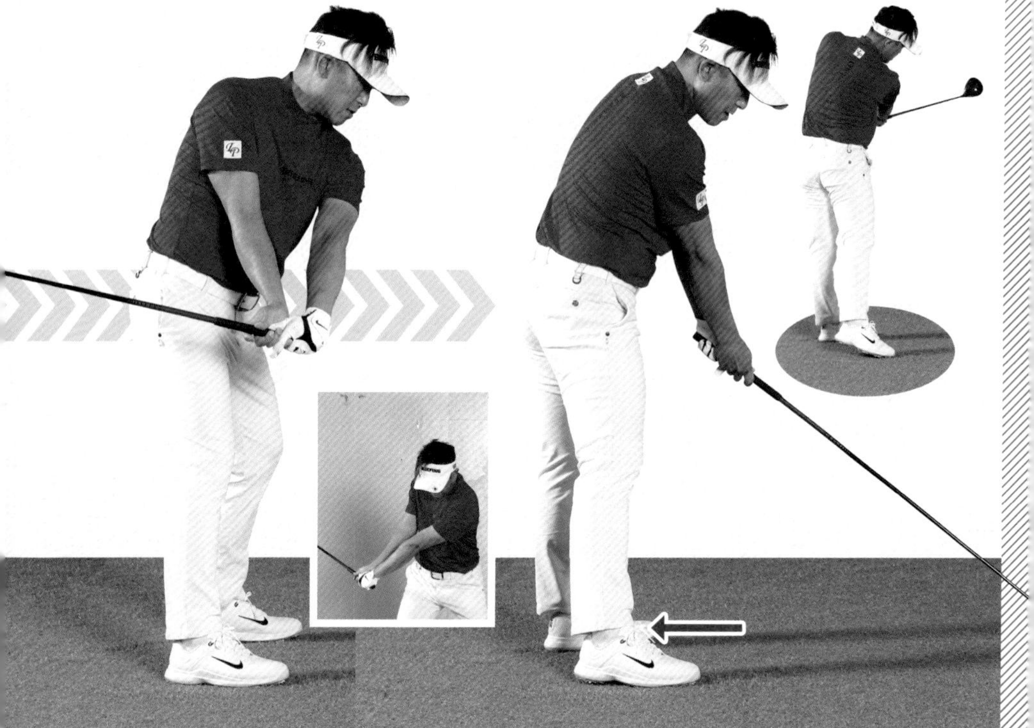

三角形の底辺が長くなる

より飛距離アップを目指すなら、三角形の底辺を長くすること（86ページ）が大事ですが、それを意識したのがこのドリルです。

切り返しでクラブを寝かせたら、そのままクラブを落とし、それと同時に左足を引きます。こうすると、手の動きは強烈なインサイドアウト＆アッパー軌道になりますが、左足を引くことで弾道は〝飛び〟のドローボールになります。

左足を下げるタイミングが分からない場合は、トップからの切り返しでクラブを少し右に回しながらしゃがみ、そのタイミングで身体を回しながら左足を引く方法を試してみてください。

「クラブを寝かして落とす＆左足を引く」のコンビネーション

軌道はインサイドアウトだが、左足を引いているので球筋はきれいなドローに

DRILL 10

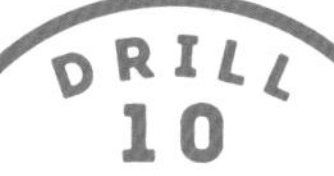

シャットフェースドリル

ハンドファーストインパクトになる

POINT

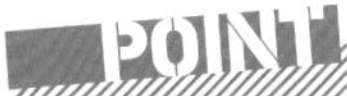

真っ直ぐ飛ばすことだけを考えればOK

ハーフスウィングで、とにかく真っ直ぐ飛ばすことだけを考えること。そうすれば自然とハンドファーストに

インパクトからフォロースルーでは左サイドがオープンになるし、リリースも遅くなる。やりたいことが全てできるようになる

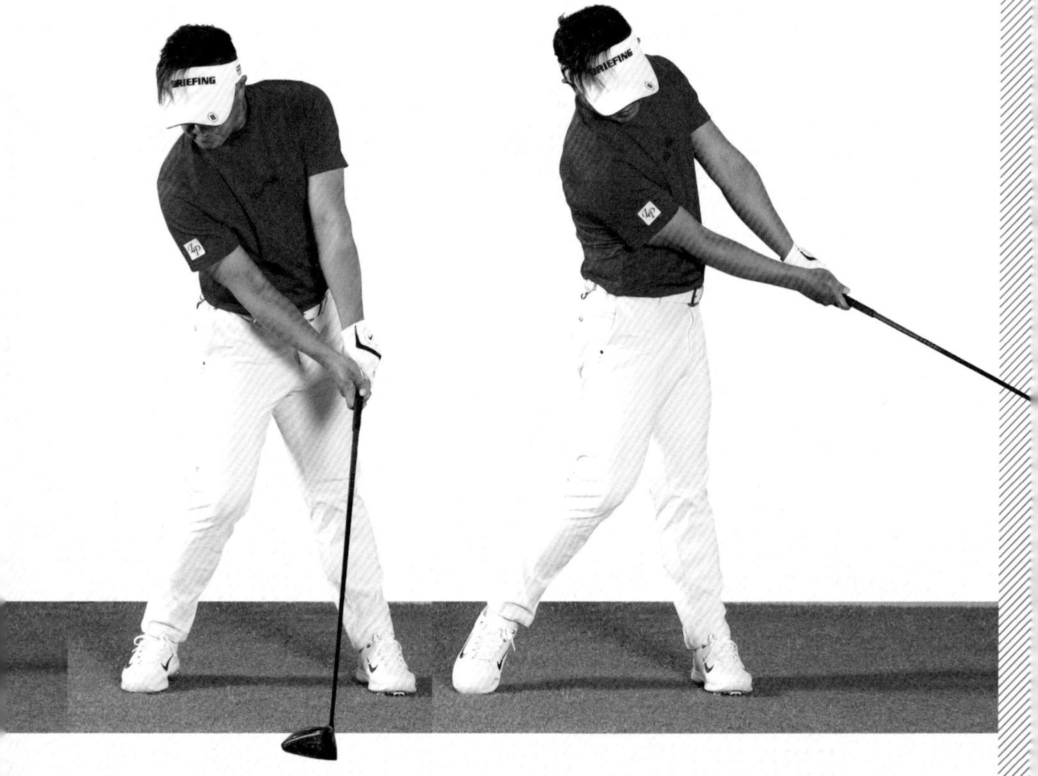

構えでフェースを被せるだけ

「インサイドから打てない人」「タメができない人」「ハンドファーストで打てない人」にオススメのドリルです。

最初にフェースを被せて構えます。そしてハーフウェイバックまでクラブを上げ、ボールを打ちます。

この状態で真っ直ぐ飛ばそうと思ったら、手を先行させなければいけないわけですが、そのためには身体を回さないといけません。つまり、身体が回って手が前に出て行くというスウィングが、フェースを被せるだけで手に入るということです。

練習はもちろん、実際のラウンドでも役立つ打ち方です。

つかまえにいくのではなく「逃がして打つ」を覚える

最初にフェースを左に傾ける

自分から見て30度前後左に傾けてフェースを被せる。 被せてからグリップすることが大事

フェースを被せた構えから真っ直ぐ打ち出そうとすると、インパクトでフェースを開かなければいけない。この動きがハンドファーストインパクトにつながる

おわりに

簡単に飛距離アップが実現するメソッドを、できるだけ分かりやすく説明したつもりですが、いかがだったでしょうか。

「こんなにシンプルでいいの？」と思われた方も多いと思いますが、“はじめに”でもお伝えしたように、ゴルフでは、簡単にできることを常にやり続けることが大事なのです。

また、この本では、ゴルフスウィングの基礎知識も随所に盛り込んだつもりです。

最近はいろいろな情報が溢れ、「どれが自分に合っているのか分からない」という人も多いはず。それを見つけるためには、ある程度の知識が必要です。この本を読んでいただいた皆さんには、その知識が身に付いたと思うので、これからは自分に「合う、合わない」の選択ができるようになると思います。

効率の良い練習が、皆さんのさらなるスコアアップに繋がれば幸いです。これからも大いにゴルフを楽しんでください。

効率的ドライバー練習法

実践動画

PART4で紹介した練習法の実践動画です。実際の動作を見て、各ポイントをチェックしてください。本書で紹介していない練習法も、特典映像として収録しています！

著者 **吉田 直樹**（よしだ　なおき）

幼少期からアメリカでゴルフを始め、オーストラリアの大学を卒業後、世界各地でプレーするとともに、ブッチ・ハーモン・ゴルフアカデミー、デービットレッドベッター・ゴルフアカデミーなど多くの世界的に有名なティーチングプロからレッスンを受け、最先端のゴルフスイング理論を追求。よりシンプルに、より効率的にきれいなスウィングになれる独自のLPスイング理論を構築。現在進行中も含め、谷原秀人、片山晋呉、上井邦浩、小祝さくら、イ・ボミら数多くのトッププロを指導。また、その一方で、悩めるアマチュアのレッスンにも力を入れている。「ゴルフラキンタ」（兵庫県芦屋市）代表。

STAFF

編集	城所大輔（多聞堂）	撮影	天野憲仁（日本文芸社）
執筆	真鍋雅彦	撮影協力	太平洋クラブ　八千代コース
デザイン	三國創市（多聞堂）		

飛距離が30ヤードUPする ドライバーの教科書

2024年7月10日　第1刷発行

著　者　吉田　直樹
発行者　竹村　響
印刷所　図書印刷株式会社
製本所　図書印刷株式会社
発行所　株式会社日本文芸社
〒100-0003 東京都千代田区一ツ橋1-1-1　パレスサイドビル8F

Printed in Japan　112240624-112240624Ⓝ01　(210127)
ISBN978-4-537-22221-0
URL https://www.nihonbungeisha.co.jp/

（編集担当：菊原）

乱丁・落丁などの不良品、内容に関するお問い合わせは
小社ウェブサイトお問い合わせフォームまでお願いいたします。
ウェブサイト https://www.nihonbungeisha.co.jp/